LUC DEBORDE

12 sentiers vers le bonheur

+ un treizième en bonus !

Editions Quintessence

Illustration de couverture reproduite avec l'aimable autorisation de son auteur : Anderzak Zalas.

Sauf mention contraire, les illustrations intérieures sont de Luc Deborde.

Rue de la Bastidonne - 13678 Aubagne Cedex - France

Tél. (+33) 04 42 18 90 94 - Fax (+33) 04 42 18 90 99

www.editions-quintessence.com

ISBN 978-2-35805-067-8

Je remercie avec chaleur, toutes les personnes qui ont accepté de corriger et d'annoter ce livre avant sa publication et qui ont eu la générosité de me faire part de leurs remarques : ma compagne Sophie, mes filles Léa et Natacha, mes parents Adèle et Bernard, mon frère Éric, Christine Guerrier, Bernard Berger, Aude Wetterwald, Dany Toubiana, Dominique Martigne, Vanessa Mielczareck, Thierry Eynard, Anne de Haas, Valérie Blustenne, Béatrice Robineau, Danielle Betfort, Nadine Fontenelle, Claude Delorieux, Antarane Tcherkeslian, Thierry Moutard, Jean-Christophe Pourreau, Marc Daroux, Christianne Lavanoux et Laurent et Séverine Papin.

Je remercie également tous ceux (de Paris à Nouméa, en passant par l'Australie et la Réunion) qui ont partagé avec moi mes réflexions sur le bonheur, ont accepté de me prêter leurs idées et ont eu la patience de m'écouter détailler les miennes. Une petite part de ce qu'ils sont, figure dans ce livre. Un autre merci pour Anderzak Zalas, illustrateur de la couverture, qui m'en a fait don avec gentillesse et bonne humeur.

Ces divers apports ont considérablement influencé ma rédaction, m'ont encouragé à la terminer et m'ont permis d'aller bien plus loin sur mes sentiers vers le bonheur.

Je vous aime.

Introduction

« Si vous étiez d'accord avec tout ce que j'ai écrit,
ce livre ne servirait à rien. »
Eckart Von Hirschhausen

Bonjour ami lecteur/amie lectrice ! Pardonne-moi de te tutoyer d'emblée alors que nous ne nous connaissons pas encore, mais comme tu pourras le constater en lisant ce livre, j'aime aller droit au but en traversant les conventions lorsqu'elles me semblent un peu trop lourdes. J'espère qu'au fil des pages, lorsque j'aurai pu te faire partager ce que je pense du bonheur et des moyens de l'atteindre, nous serons en effet devenus des amis.

Sachant qu'il faut être capable de donner pour espérer recevoir, je te promets que je ferai mon maximum, tout au long de ces pages, pour t'apporter de l'amour et du réconfort. Ça semble un peu étrange, pas vrai ? Un type qui te propose de te donner de l'amour alors qu'il ne te connaît même pas... Eh bien après tout, si tu es capable de lire ce livre, c'est que tu es à coup sûr un être humain et je me sens naïvement capable d'aimer tous les êtres humains.

Je sais pourtant nos faiblesses. Je sais combien nous sommes capables d'actes terribles, d'horreurs absurdes. Il y a des millions de choses qui dépassent mon entendement dans ce que j'apprends chaque jour sur notre espèce. Mais j'ai une chance énorme : je ne suis pas Dieu. Je ne suis pas là pour juger les hommes : je peux me contenter d'en profiter.

Quand je chausse mes lunettes de bonheur, je vois une humanité absolument extraordinaire autour de moi. Je vois des gestes d'amour bouleversants, une créativité et une inventivité fabuleuses, une capacité stupéfiante à remettre le monde en question. Je vois la beauté pure des rires d'enfants. Je vois le potentiel incroyable que représente le reste de ma vie, des millions d'êtres humains à rencontrer, à découvrir et à aimer de toutes les façons possibles. Des aventures en quantité illimitée qui n'attendent que moi. Sans parler du nombre effarant de gâteaux, de cerises, de fraises, de gratins de pommes de terre, de gigots d'agneau, de tablettes de chocolat et de bières fraîches qu'il me reste à ingérer avant de passer de l'autre côté du miroir.

Je n'ai pas la clé qui permettrait de sauver l'humanité de sa violence. Mais il y a au moins un être humain pour lequel je peux faire quelque chose : moi-même. Et j'ose croire qu'en développant ma capacité à être heureux, j'augmente aussi ma capacité à proposer de l'amour et du bonheur autour de moi.

Il me reste sans doute un très long chemin à parcourir sur les sentiers du bonheur. J'ai d'abord écrit ce livre pour moi-même : il me permet de clarifier mes pensées et d'ancrer ce que j'ai pu déduire de tous mes errements.

Mais peut-être que les pistes que j'ai suivies et que je te propose à travers ces pages sauront également t'inspirer. Si tel est le cas, j'aurai contribué (à mon tout petit niveau) à améliorer le sort de l'humanité et je serai, comme on dit, « le plus heureux des hommes ».

Si tu considères mes propositions comme des sortes de recettes, je voudrais te mettre en garde sur un point : il y a deux façons d'appliquer une recette. On peut se contenter de suivre les instructions à la lettre, sans trop réfléchir à ce que l'on fait, en se reposant entièrement sur celui qui l'a élaborée. On peut aussi y mettre du sien, l'adapter à son goût, quitte à prendre des risques. Je te laisse deviner laquelle de ces deux méthodes donne du plaisir en cuisine et sur la table. Mes « recettes » ne sont pas différentes d'une recette de cuisine : pour en profiter pleinement, il va falloir que tu développes ton propre tour de main.

Chacun des douze chapitres de ce livre est divisé en quatre ou cinq sections :

- Le **Quoi** : une présentation et une exploration de chacun des douze sentiers.
- Le **Comment** : une proposition d'exercice pratique.
- Le **Pourquoi** : le point de vue du professeur Foldingue.
- Une **anecdote**, qui illustre mon propre parcours sur chaque sentier.
- Une **histoire** distrayante tirée de mon répertoire personnel. Je les ai glanées ici et là au fil des années et je les ai retenues quand elles me semblaient porteuses d'un enseignement. Ce livre contient celles que je préfère.

Comme son nom le laisse supposer, le professeur Foldingue aborde chaque thème avec une certaine tendance à intellectualiser les choses et à couper les cheveux en quatre. C'est un de mes personnages imaginaires et il me permet de dépasser mes limites. Néanmoins, si tu souhaites faire une lecture rapide de ce livre, n'hésite pas à sauter ces sections qui, bien qu'elles l'enrichissent, ne sont pas essentielles à ce livre.

Le monde de l'esprit possède plus de trois dimensions et le plus court chemin n'est pas toujours la ligne droite. Je te demande donc de ne pas t'inquiéter si certains sentiers semblent parfois rebrousser chemin. Notre logique veut parfois avancer plus vite que notre cœur. Mes sentiers tentent d'accorder leurs pas.

bonheur ?

Qu'est-ce que le bonheur ?

« La réussite ne vous apportera pas le bonheur.
Le bonheur vous apportera la réussite.
Si vous faites tout ce que vous faites avec plaisir,
vous le ferez bien, et vous aurez du succès. »
Pensée bouddhiste

J'ai le sentiment d'être plus heureux aujourd'hui que je ne l'ai jamais été. Et pourtant… me voilà bien en peine de répondre avec précision à une question incontournable quand on se met en tête d'écrire un livre au sujet du bonheur : qu'est-ce ?

Rien d'étonnant à ce que cette question trouble la partie logique de mon intelligence. Le bonheur n'est pas un concept. C'est d'abord un sentiment, une façon d'être. Il y a donc un paradoxe, que j'assume bravement, au fait d'écrire un livre sur ce thème. Peut-on, à l'aide d'**idées** couchées sur le papier, intervenir sur une chose aussi personnelle et aussi irrationnelle que le bonheur d'autrui ?

Je suis convaincu que oui. Les idées sont comme des graines : il s'agit au départ de quelque chose d'insignifiant, de si petit qu'on pourrait les négliger. Mais avec l'aide du temps, elles se déploient, changent de façon subtile notre façon de penser puis, au final, notre façon d'être. J'ai tenté d'inclure dans ce livre, bon nombre de petites graines de toutes sortes, auxquelles il t'appartient de proposer un bon terreau et que tu devras arroser de façon régulière : un peu, mais pas trop… Ces graines sont issues de plantes et d'arbres que j'ai eu la chance de voir prospérer dans mon propre jardin intérieur. Bien entendu, cette végétation n'est pas arrivée là par hasard : certaines graines ont été déposées par des oiseaux ou des êtres vivants qui passaient par là et qui m'ont fait la grâce de m'offrir quelques excréments chargés de potentiels. D'autres graines m'ont été offertes par des jardiniers avec qui je me suis lié d'amitié. D'autres enfin, ont été glanées au fil de lectures telles que celle que tu fais avec ce livre.

Et pour ne pas en rester aux graines, j'ai tenté de te proposer également des pieds tout prêts à transplanter. Je veux parler des exercices inclus dans chacun des chapitres qui vont suivre. Ces exercices ont pour but de te faire vivre des expériences nouvelles, car rien ne vaut l'expérience pour envoyer des messages aux parties inconscientes de notre intelligence. C'est pourquoi, même si certains de ces exercices te paraissent futiles ou farfelus, je t'encourage vivement à les réaliser avec application. Une grande partie de ce que j'ai couché sur ces pages, ne pourra pas vraiment se transmettre sans cela.

Pour revenir à la définition du bonheur, je vais laisser la parole au professeur Foldingue : il a toujours quelque chose à dire, même à propos des sujets dont il ignore tout. Voici donc son (remarquable) point de vue.

Le point de vue du professeur Foldingue

Le héros du film *Un jour sans fin* [1] se trouve prisonnier d'une journée qui recommence chaque matin exactement de la même façon : même date, même météo détestable, même programme à la radio, même emploi du temps pour chacune des personnes qui l'entourent. Accablé par ses tentatives infructueuses pour s'évader de cette répétition infernale, il finit par comprendre que « ce n'est pas ce que je fais qui importe, c'est la façon dont je le fais », et cette révélation le délivre.

Ne vivons-nous pas tous ce jour sans fin ? Ne vivons-nous pas en « aveugles », répétant jour après jour les mêmes actes, sans nous interroger sur leur sens ? Et si je te demande : « Qu'est-ce que tu souhaites le plus fort, dans ta vie ? », sauras-tu me répondre spontanément et clairement, sans l'ombre d'un doute ? Si c'est le cas, je te félicite chaleureusement, car ce ne fut pas le cas de tous ceux avec qui j'ai déjà tenté cette expérience...

Désespéré par ces hésitations, mais ne reculant jamais devant un défi scientifique, j'ai employé plusieurs années de ma vie à apprendre la langue des saumons. Cela m'a donné la possibilité

1. Également baptisé *Le jour de la marmotte* dans certains pays francophones (titre original : « Groundhog Day »). Film américain de Harold Ramis sorti en 1993 avec Bill Murray dans le rôle principal.

de procéder à un sondage de cette espèce animale au cours d'une transhumance. Je t'en livre les résultats (en exclusivité mondiale) :

À la question « Où allez-vous ? », les animaux interrogés ont répondu :

- À une conférence sur les nano-particules quantiques : 1 %.
- Je retourne chez ma mère ! : 2 %.
- Heu… devant moi ! : 94 %.
- (Ne savent pas) : 3 %.

Et sais-tu le plus étonnant ? J'ai vérifié : il n'y avait cette année-là aucune conférence sur les nano-particules quantiques en Islande. Les saumons ne semblent donc guère plus avancés que les humains : ils mettent une énergie absolument considérable à avancer, en suivant simplement leurs instincts et sans savoir où ils vont (sauf pour 2 % d'entre eux).

Cela importe peu, je suppose.

Pour ma part, je rejoins la vision bouddhiste qui affirme que « le bonheur n'est pas un but, c'est un chemin ». Peu importe vers où je marche. Ce qui compte, c'est comment je marche : en me plaignant de mes chaussures ou en admirant le paysage ?

« Bon… mais si mes chaussures me font vraiment mal, comment je fais ? » me demande d'un ton sceptique, le M. Râleur que je porte en moi.

Et je lui réponds : « Au bout de quelques kilomètres, quelle que soit la marque de nos chaussures, nous avons tous un peu mal aux pieds. » Cela ne semble pas empêcher certains d'entre nous de jouir du paysage avec une intensité de plus en plus forte.

Il se trouve que nos humeurs sont régulées par une incroyable variété d'hormones qui peuvent nous faire vivre des « trips » extraordinaires, sans avoir fumé le moindre échantillon de moquette : endorphine, sérotonine, dopamine, oxytoxine, progestérone[1]… Ces hormones ont, entre autres, le pouvoir de masquer nos douleurs et de projeter nos pensées dans un nirvana intérieur.

D'un point de vue scientifique, ma réponse serait donc : le bonheur, c'est la capacité à déclencher, plus souvent et plus intensément, la production des hormones qui nous font planer. Après tout, les yogis réussissent bien à ralentir le battement

1. L'endorphine a un effet similaire à la morphine (mais sans le risque d'accoutumance) : anti-douleur et anti-stress. La sérotonine est également un anti-douleur et combat l'anxiété. La dopamine est notamment sécrétée après l'orgasme. Elle favorise les liens sociaux. L'oxytoxine est un euphorisant sécrété en cas de contact physique amical ou amoureux. La progestérone favorise des sentiments de paix, d'amour et de protection.

de leurs cœurs, pourquoi ne pourrions-nous pas contrôler nos hormones ?

Mais pour le commun des mortels (dont je me soucie à l'occasion), je formulerai la chose comme ceci : **le bonheur est la capacité – peut-être même la tendance – à maximiser la joie et le plaisir tout en minimisant les douleurs et les peines.**

Je me dois d'insister sur la deuxième partie de cette proposition : minimiser ne veut pas dire supprimer. Le bonheur n'est pas une potion magique censée gommer toutes les difficultés de la vie. Il n'efface pas toutes les douleurs mais permet souvent de les vivre en paix.

Que cela nous plaise ou pas, il semble bien que la souffrance fasse partie de la condition humaine. C'est même un moyen très efficace que la nature semble avoir élaboré pour nous obliger à nous nourrir, à nous protéger et à nous reproduire. C'est le bâton qui va de pair avec la carotte du plaisir. Accepter l'utilité et la nécessité de cette souffrance est sans aucun doute un premier pas très utile vers le bonheur.

On m'a demandé la définition du bonheur ? Je vais aller plus loin et proposer celle de l'homme heureux :

Je ne souffre plus de ma souffrance,

Je n'ai plus peur de mes peurs,

Mais je me réjouis de ma joie.

Janvier

Gérer nos priorités

« Le bon moment pour commencer, c'est quand on est au début,
le bon moment pour s'arrêter, c'est juste avant d'aller trop loin. »
Professeur FOLDINGUE

Ce chapitre pourra peut-être te sembler agaçant. Pour commencer, il risque de comporter des points qui t'apparaîtront comme des évidences. Pour le reste, il t'évoquera peut-être des difficultés sur lesquelles il est déplaisant de revenir. Si tel est le cas, n'hésite pas à sauter directement au chapitre suivant, car ce livre n'a pas pour but d'être inconfortable. Mais si tu parviens à le lire et à mettre en pratique l'exercice qu'il propose, je suis certain que tu en apprécieras les bénéfices.

La question que je t'invite à te poser est la suivante : l'ordre de priorité que tu appliques à tes projets et à ta gestion du quotidien respecte-t-il l'ordre de tes besoins ? Il me semble que voilà l'objet d'un bel exercice : connais-tu l'ordre de tes besoins ? Et si oui, as-tu déjà tenté d'ordonner tes projets et tes actions selon cet ordre ? **Et si non, pourquoi ?**

Ces questions sont assez simples et nous oublions pourtant la plupart du temps de nous les poser. Je t'avoue en toute humilité qu'il m'arrive à moi aussi, bien souvent, d'oublier d'ordonner mes actions en fonction de mes besoins. Je te propose donc de travailler cette question avec toi. Pour définir nos besoins essentiels, nous pouvons nous inspirer de la pyramide de Maslow[1].

1. « *Theory of Human Motivation* » est un article de 1943 du psychologue Abraham MASLOW. Il y propose un modèle de classement des besoins et des désirs selon une hiérarchie qui se veut commune à l'espèce humaine. Selon MASLOW, il serait indispensable de satisfaire chaque besoin d'un niveau donné avant de s'intéresser aux besoins situés aux niveaux supérieurs. Ce concept est intéressant mais discutable. Il est remis en question par de nombreux auteurs ultérieurs qui arguent notamment du fait que l'appartenance culturelle peut influencer l'ordre prioritaire des besoins. Ce modèle est aujourd'hui connu sous le nom de « pyramide des besoins de Maslow ».

Pyramide de Maslow

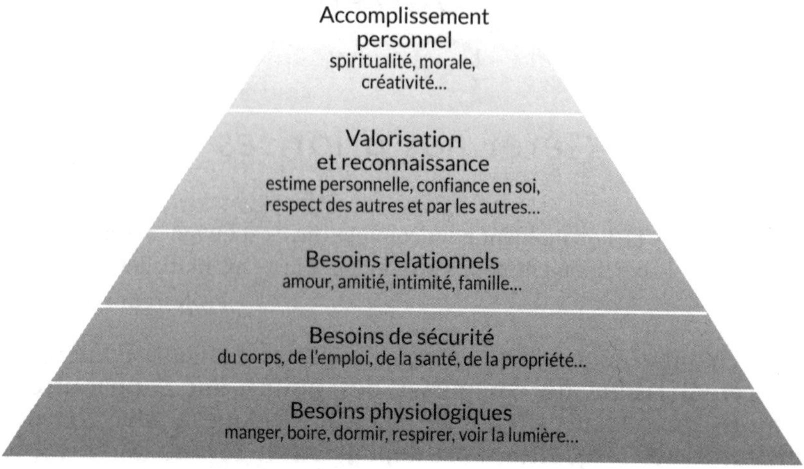

Les besoins physiologiques : dormir, boire, manger, respirer. Mon corps a-t-il chaque jour son quota de sommeil ? Et sinon, quelles sont les conséquences pour ma santé et mon psychisme ? Les besoins ou les envies que je fais passer devant ce besoin essentiel valent-ils ce sacrifice ? À quel titre ?

Les besoins de sécurité : du corps, de l'emploi, de la propriété. Quels sont les risques que je prends chaque jour dans ma vie ? Les gains que j'en retire sont-ils proportionnels à ce que je risque de perdre ? Et sinon, pourquoi n'ai-je pas déjà réorienté ma vie ?

Les besoins relationnels : en amour, en amitié, en famille. Dans ma gestion du temps, quelle est la place que j'accorde aux moments simples de la relation à l'autre ? Vais-je volontairement vers l'autre, pour multiplier et enrichir mes relations ou suis-je au contraire en position de repli et de fuite ? Ne puis-je pas agir sur ce qui bloque ma relation à l'autre ?

Le besoin de valorisation et de reconnaissance, de confiance, de respect de soi et des autres. Suis-je capable de m'accorder le même respect et la même reconnaissance que j'accorde aux autres ? Ne suis-je pas dans une forme ou une autre de sacrifice ? Et si oui, comment expliquer que je me néglige moi-même ? En ai-je le droit ? Suis-je capable de reconnaître aux autres leurs qualités et leurs mérites ? Et sinon, quel est le coût de cette injustice pour moi-même ?

Accomplissement personnel : créativité, spiritualité, morale. Ai-je un regard objectif sur mes talents créatifs ? Suis-je capable d'humilité devant la Création, devant la Nature, devant Dieu ? Suis-je capable de donner du sens à ma vie ? Quelles sont mes croyances profondes aujourd'hui ? Mes actes et mes pensées sont-ils toujours en accord avec ces croyances ?

Nous sommes tous plus ou moins conscients de ce que ces questions peuvent apporter à nos vies. Il nous est assez facile de répondre à la plupart d'entre elles et pourtant, très curieusement, **nous nous abstenons le plus souvent de le faire**, ou du moins de mettre en application ce que nous savons être positif pour nous dans ces réponses.

Organiser sa vie afin de prendre en compte et de respecter ses besoins essentiels demande une forme d'autodiscipline qui nous semble *a priori* fastidieuse. Cette démarche consistant à redéfinir nos priorités, et au final à **mettre de l'ordre dans notre vie**, est pourtant incroyablement libératoire[1]. Bien nourri et reposé, dans une maison en ordre, aérée et nettoyée, notre esprit se met comme par miracle à fonctionner plus clairement et nos difficultés commencent à se résoudre. Alors certes, tout ça manque furieusement de fantaisie, mais les recettes produisant un résultat aussi sûr sont plutôt rares. Je t'engage donc vivement à commencer cette démarche sur le champ et je te propose dans le chapitre suivant un petit exercice simple pour y parvenir.

Lorsque je me sens gagné par la confusion, quand je ne sais plus trop où j'en suis, quand je deviens l'objet de désirs contradictoires ou indistincts, quand ma vie me semble manquer de sens, je prends soin de revisiter mes besoins essentiels et de vérifier dans quelle mesure j'agis pour les satisfaire.

Cela me procure les avantages suivants :

- Un sentiment de sécurité qui m'apaise profondément.
- Une occasion simple de m'accorder du temps et de l'importance.
- Je me repositionne dans l'action. Cela me permet de reprendre le contrôle de la situation et d'échapper au rôle de « victime ». Ce point est essentiel pour me donner la possibilité de changer ce qui ne me convient pas dans ma vie.
- J'apaise mon sentiment de culpabilité. Je me sens « propre ».
- Je relativise mes difficultés et j'éclaircis mes idées. Je retrouve ainsi ma puissance d'imagination et de création.

1. Rousseau affirmait que la liberté consiste à « choisir ses chaînes ».

Un besoin non satisfait engendre de la frustration et de la colère. En prenant mes véritables besoins en considération, je parviens peu à peu à apaiser ma vie et à m'en nourrir en douceur sans que ma colère n'ait plus de raison d'être.

En pratique

L'esprit dans lequel tu dois recenser et ordonner tes besoins est celui du respect et de la considération de toi-même. Tu es un être humain à part entière. Quitte à bousculer ta modestie naturelle, tu dois admettre que **tu mérites autant de considération que n'importe quel autre être humain**. Tu n'as pas plus le droit de te mépriser toi-même que tu n'aurais le droit de mépriser quelqu'un d'autre.

Tes besoins et tes désirs ne seront pas forcément « raisonnables ». Cela importe peu. Tu dois accepter leur existence et les nourrir de la meilleure façon possible. Ne sois pas étonné(e) si tu identifies des besoins ou des désirs « étranges », infantiles ou illogiques. Lorsque tu les auras apaisés en les nourrissant, la logique de leur existence t'apparaîtra spontanément et tu seras libéré(e) de leur emprise sur toi.

Besoins, désirs, caprices... besoins réels ou illusoires... Il n'est pas toujours facile de faire le tri dans tout ça. Commence par tout jeter en vrac sur une feuille sans trop te préoccuper de hiérarchie. Accorde-toi tous les droits : derrière un désir qui te semble futile ou condamnable, il se cache sans doute un besoin réel qu'il te faut identifier. L'idée de cet exercice est de repenser les choses différemment pour sortir des cercles vicieux dans lesquels tu t'es retrouvé enfermé(e). Dans la mesure du possible, **évite de juger** et sache accueillir tout ce qui émerge à présent.

Accorde-toi un moment de calme et d'inaction, puis ordonne ta liste en étant vraiment à l'écoute de ton cœur. Tu as sans doute déjà essayé tout ce que ta raison peut avoir à te dire. Il est maintenant temps de prendre en compte ce que dit ton cœur, ce qui correspond à tes aspirations profondes. Un besoin négligé a tendance à se manifester encore et encore, tant qu'il n'est pas nourri. Voilà un bon indicateur de ce que tu dois positionner en premier sur ta liste. Quels sont tes besoins les plus anciens ? Quels sont ceux qui se manifestent avec le plus d'insistance ?

Tu te retrouveras peut-être dans le cas où tu ne vois vraiment pas comment tu pourrais satisfaire tel ou tel besoin. Ce n'est pas une raison pour le déclasser ou pour nier son importance. **Si ce besoin est important pour toi, il doit rester en tête de liste.** Ce livre te propose de nombreuses pistes pour reprendre le contrôle de ta vie et pour résoudre des équations qui semblaient jusque-là insolubles. Elles sauront peut-être t'inspirer pour réussir là où tu échouais jusqu'à présent.

Une fois ta liste terminée et ordonnée, accroche-la dans un endroit où tu pourras la voir tous les jours. Essaye de la relire chaque soir et de te demander si les actions que tu as effectuées dans la journée respectent bien la priorité de tes besoins. S'il te semble que non, prends cette réalité en compte sans t'adresser de reproches, puis prépare ta journée du lendemain avec davantage de respect pour tout ce qui compte vraiment à tes yeux.

La façon dont tu gères l'ordre de ta maison (ou de ta chambre) et celui de ta voiture (si tu en as une), est un reflet très puissant de ton ordre intérieur. La manière la plus simple de commencer à mettre de l'ordre dans ta vie consiste à ranger ton environnement. En rangeant, en nettoyant, en jetant ou en donnant ce qui t'est devenu inutile, tu libères de la place autour de toi comme dans ton esprit. Il en est de même pour tes courriers en retard ou pour tes factures impayées. Essaye de réaliser ces actions **dans la douceur, et si possible dans le plaisir**. Il me semble important de comprendre que l'ordre n'est pas forcément associé à la contrainte et à la rigidité. Trier et ranger sont des occasions de **s'alléger** et de se **libérer**. N'est-ce pas une perspective joyeuse ?

Une fois que tu auras remis de l'ordre dans ton environnement, décide comment tu peux organiser ta vie pour maintenir cet ordre en permanence. As-tu assez de rangements ? Sont-ils accessibles et pratiques ? Combien de temps dois-tu consacrer chaque semaine au nettoyage et au rangement pour que ces tâches ne prennent plus une ampleur telle que cela en devient décourageant ?

Le soin que tu accordes à ton corps est un bon indicateur de la façon dont tu gères tes priorités. Se laver chaque jour et y trouver du plaisir, se coiffer, se brosser les dents, choisir ses vêtements avec un minimum de soin, veiller à se nourrir correctement... Vérifie que tu respectes chacun de ces points essentiels **au quotidien**. Si ces tâches te semblent pénibles et fastidieuses, tu as sans aucun doute quelque chose à travailler et à comprendre. **Tu ne pourras pas progresser sur le chemin du bonheur tant que tu négliges ces petites occasions de t'aimer et de t'occuper de toi-même.** Si tu t'occupais d'un petit enfant, le laisserais-tu plusieurs jours sans le changer et le laver ? Le nourrirais-tu sans soin, en lui donnant la première chose qui te tombe sous la main ? Tu dois t'accorder à toi-même autant de soin que tu es prêt à accorder à n'importe qui d'autre, car **tu es ta principale ressource, ton trésor**. Le plus grand vin qui soit se transformera vite en piquette, si l'on ne prend pas soin de sa bouteille et des conditions de sa maturation. Tu dois avoir l'humilité de reconnaître que tes capacités dépendent directement de ton bien-être et que tu ne peux faire l'économie de t'occuper avec le plus grand soin de ton corps. Personne ne le peut. Ne serait-ce pas de l'orgueil mal placé que de prétendre que tu es « au-dessus de ça » ?

Il n'y a pas, il ne peut y avoir, de raison valable pour que tes actions ne visent pas, en tout premier lieu, à satisfaire tes besoins les plus importants. Ne laisse plus la vie t'emmener à côté de ta vraie et de ta juste place. Si tu éprouves de la colère au fond de toi, dirige-la dans cette direction : c'est là qu'elle te sera le plus utile. La colère peut devenir un atout formidable car elle est une forme d'expression assez pure de notre énergie vitale. Elle prend généralement naissance quand nous sommes « à bout », quand nous avons renié, avec trop de violence, certains besoins qui sont essentiels pour nous. Si tu l'orientes sur des points qui te sont utiles, elle peut devenir un moyen de construction au lieu d'être destructive. Elle pourra alimenter ton courage et ta volonté ! Maîtriser sa colère ne veut pas dire l'étouffer ou tenter de la réprimer. Tu peux maîtriser ta colère en la « chevauchant » et en choisissant, en pleine conscience, où l'orienter pour qu'elle te soit utile.

Le point de vue du professeur Foldingue

La question posée par ce chapitre pose un défi à la partie logique de notre intelligence : **pourquoi négligeons-nous aussi souvent ce que nous savons être bon pour nous ?** Pourquoi aller chercher des solutions complexes, pourquoi couper les cheveux en quatre avec des problèmes insolubles quand nous connaissons des recettes simples (dont l'expérience nous a prouvé l'efficacité) pour les résoudre ?

Je crois que la réponse repose en partie sur ce que les psychologues appellent l'« ego ». Personnellement j'assimile l'ego au guerrier que nous portons tous à l'intérieur de nous. Bien qu'il soit souvent présenté comme une partie sombre, comme un obstacle au bonheur et/ou à la réussite, l'ego est d'abord là pour défendre notre intégrité physique et mentale, face aux innombrables agressions du quotidien.

Dans l'environnement très hostile que l'homme a connu depuis son apparition sur Terre, l'ego a été un facteur essentiel de survie. Aujourd'hui, bien que notre société assure la sécurité physique d'une grande partie d'entre nous, l'ego continue à jouer un rôle majeur pour protéger notre identité. C'est lui qui nous permet de résister aux diverses tentatives de conditionnement dont nous sommes criblés (publicité, discours religieux et politiques et même simples discussions entre amis). **Sans ego, nous pourrions nous laisser convaincre de tout et de n'importe quoi**, l'adhésion à une idée étant souvent plus simple et plus confortable que la résistance et la rébellion.

Dans ma conception, l'ego représente une sorte d'« inertie de l'esprit » qui freine ou empêche toute forme d'évolution et par là même, toute forme de relation à l'autre. Grâce à l'ego, notre esprit résiste aux conditionnements. Mais lorsqu'un conditionnement a réussi à s'imposer (à force de répétitions ou parce que nous y avons été soumis très jeune), il nous empêche de nous en débarrasser. **Il est à l'origine de très nombreux comportements que nous savons illogiques et contraires à notre qualité de vie mais dont nous ne parvenons pas à nous débarrasser.**

On ne peut lutter contre l'ego par la colère ni par l'autoagression : n'oublions pas qu'il est notre guerrier intérieur ; il sera toujours plus prompt et mieux armé que le reste de notre personnalité. On ne peut non plus le vaincre par la raison : il est particulièrement imperméable à la logique qu'il peut terrasser d'une pichenette. Il n'existe, sans doute, aucune façon directe de vaincre l'ego[1] et il n'est même pas souhaitable de le tenter : indomptable, incorruptible, il jouera son rôle de gardien de notre identité jusqu'à notre mort.

Je ne vois que deux façons de contourner cette difficulté pour parvenir malgré tout à évoluer et à corriger les comportements qui ne nous conviennent plus :

- La répétition. C'est la voie choisie par les écoles de la pensée positive, l'autosuggestion (méthode Coué) et la PNL (programmation neuro-linguistique). L'idée est de passer la barrière de l'ego en utilisant son seul talon d'Achille : son incapacité à résister à un message répétitif. Cette méthode ne délivre pas forcément le résultat attendu car les règles de l'autosuggestion sont strictes[2]. Elle peut par exemple échouer quand le message répété s'oppose trop nettement à nos croyances générales.
- Calmer l'ego en augmentant notre sensation de sécurité. L'ego est là pour nous défendre. Il sera d'autant plus actif et intraitable si nous sommes dans un état d'insécurité général. À l'inverse, plus notre sentiment de sécurité est important, moins l'ego sera actif. L'amour et l'estime de soi sont des facteurs de sécurité très puissants. En reconnaissant notre droit au bonheur, nos propres désirs et besoins, en nous accordant du temps et de l'attention, nous calmons notre ego et nous augmentons nos chances de modifier nos comportements. Tous les autres facteurs de sécurité (reconnaissance sociale, sécurité financière) doivent également être optimisés. Le premier niveau des besoins de Maslow doit évidemment être strictement respecté (sommeil et autres besoins naturels).

1. Excepté, peut-être, par les méthodes de lavage de cerveau qui, à force de stress et de souffrances, amènent l'ego au point de rupture et finissent par briser toute résistance chez les victimes de ce traitement. Il s'agit d'une sorte de court-circuitage des mécanismes de défense de l'individu. Ces méthodes extrêmes ne peuvent évidemment figurer dans la panoplie de quelqu'un recherchant le bonheur.

2. La phrase autosuggérée doit être formulée au présent et à la première personne (Je...), elle doit être positive (« je suis... », « je veux... » au lieu de « je ne suis pas... », « je ne veux pas... »), elle doit être simple et précise, ne pas laisser la possibilité d'une double interprétation, ne pas s'opposer aux croyances profondes, etc.

Le cas d'école qui colle

Je porte en moi un côté rebelle qui m'entraîne parfois sur des chemins hasardeux. La fidélité dans le couple fait partie des obligations traditionnelles contre lesquelles mon tempérament frondeur n'a cessé de se révolter. Non pas que je sois insensible à l'idée que ma compagne puisse s'accorder une certaine liberté dans ce domaine, mais je trouve simplement insupportable le fait de ne pouvoir satisfaire en aucune façon mon propre besoin de séduire, mon désir de découvrir d'autres femmes sur ce plan d'intimité, sans parler du désir d'« aventure » que les liaisons amoureuses occasionnelles satisfont de multiples façons.

Me voilà donc devant une situation, somme toute très classique, dans laquelle l'un de mes désirs vient s'opposer à plusieurs autres, car j'ai aussi envie et besoin, comme tout un chacun, de vivre un couple stable et sécurisant, une vie simple et sans mensonges, tout en respectant ma compagne à qui je ne souhaite évidemment pas faire de peine.

J'ai près de cinquante ans à l'heure où j'écris ces lignes et j'ai vécu en couple la majeure partie des trente dernières années. Cela m'a laissé le temps d'élaborer d'interminables théories sur la façon dont il serait possible de revisiter le contrat de fidélité qui s'impose de fait à tous les couples de notre société. Je rejoins sans réserve Simone de Beauvoir (dans *Le Deuxième Sexe*) lorsqu'elle affirme : « Le principe du mariage est obscène parce qu'il transforme en droits et devoirs un échange qui doit être fondé sur un élan spontané ». Les « droits et devoirs » représentent en effet un tue-l'amour redoutable, que ce soit dans le cadre du mariage ou dans celui de l'« union libre », si mal nommée.

Ajoute à ça le fait que je me refuse avec vigueur à considérer le corps de ma compagne, ou ma compagne elle-même, comme une sorte de propriété sur laquelle j'aurais des droits et que je me sens, de même, intégralement propriétaire de mon corps et de mon temps libre... Je ne trouve, au final, que bien peu de raison à cette clause, pourtant quasi incontournable, de la convention de couple.

Il va sans dire que ces superbes théories ne changent strictement rien à ma situation : mon ex-épouse était, tout comme ma compagne actuelle, résolument opposée à ce qu'on nomme poétiquement la « liberté sexuelle ». La première présentait son point de vue comme une sorte d'interdiction (« Si tu me trompes, je ne pourrai plus vivre avec toi. »). La deuxième, à qui la sensibilité suggère une formulation plus ouverte, affirme : « J'en souffrirais infiniment, je ne sais pas comment je pourrais faire face à ça. »

J'avais pourtant présenté mon point de vue d'une manière sincère en déclarant quelque chose comme : « Tu ne m'appartiens pas, je n'ai aucun droit sur toi, je préfère souffrir à l'idée de t'imaginer avec un autre, je préfère prendre le risque de te perdre si un autre homme te satisfait mieux que moi, plutôt que de nuire en quoi que ce soit à ta liberté de vivre. Sens-toi libre d'agir selon tes envies. » Rien n'y a fait : la réciproque ne me fut pas accordée (il est vrai qu'à l'époque, je n'avais peut-être pas trouvé des mots aussi précis que ceux-là pour exprimer mon sentiment).

« Tu ne peux pas tout avoir, il faut savoir ce que tu veux ! » me déclarait un ami avec qui j'abordais la question. Je ne peux pas tout avoir en effet. Et je crois savoir parfaitement ce que je veux : je veux tout et son contraire. Ça n'est pas raisonnable, j'en conviens tout à fait, mais le fait est là : je veux une union stable et sécurisante, une vie simple et sans mensonges, tout en respectant ma compagne à qui je ne souhaite évidemment pas faire de peine. Et j'ai le désir, si ce n'est le besoin, de séduire, de découvrir d'autres femmes sur le plan intime et de vivre l'intensité de rencontres occasionnelles.

Je te sens impatient, ami lecteur, de savoir quelle solution magique et innovante j'ai pu trouver à ce dilemme ancestral. Je vais te décevoir : je n'en ai pas trouvée à ce jour. À chaque fois qu'un sourire, un regard, une démarche ou une silhouette réveillent mon désir de mâle concupiscent, la question refait surface : fidèle *or not* fidèle ? Chaque alternative présente son lot de frustrations et de douleurs et la question elle-même, à force de répétition, est déjà une épreuve.

Je connais le remède à cette épreuve : je me sais capable d'évacuer cette question pour de bon, reléguant mon désir dans les tréfonds de mon inconscient, devenant même aveugle à tout ce qui pourrait le réveiller et valorisant sans relâche les bienfaits de mon union paisible et nourrissante, je pourrais croiser n'importe quel regard de femme sans accorder à mon animalité le moindre droit au frémissement.

Je m'y refuse.

Je n'ai pas choisi ma condition humaine, cet étrange mélange d'instincts désordonnés et de raisonnement logique. J'ai passé une grande partie de mon existence à renier les uns pour libérer l'autre de toute entrave. Je m'y sentais autorisé : ce que je n'avais pas choisi, j'étais en droit de le combattre.

Autorisé ou non, il m'a bien fallu constater que je trahissais la moitié de moi-même.

Tant qu'à vivre avec un désir insatisfait, je préfère à présent le faire en conscience, sans rien nier de son existence, sans l'écraser sous le poids de la raison dont la froideur s'oppose si terriblement à la vie.

Dans la liste de mes besoins et de mes désirs, celui de concilier ce qui n'est pas conciliable figure dans les premières places et je me refuse à l'en retirer. Qu'ils soient avouables ou non, chaque besoin, chaque désir et chaque envie que je porte en moi ont droit de présence sur cette liste. Chaque ligne est une part de ce que je suis et je ne peux la rayer sans me trahir ni me renier.

Ma nature disparate est une source permanente d'inconfort, une usine à produire des dilemmes insolubles, un défi insurmontable à mon envie de cohérence. Aucune question n'obtient jamais de réponse définitive et doit sans cesse refaire l'objet d'un débat : fidèle ou pas, fidèle à l'autre ou fidèle à moi-même, droite ou gauche, fromage ou dessert... Je ne sais pas, je vais faire comme ceci aujourd'hui et peut-être comme ça demain.

C'est à ce prix que je reste vivant et libre. De cette étrange liberté qui est la seule possible.

Quelle histoire !

Un vieux professeur est engagé pour donner une formation sur la gestion du temps à un groupe d'une quinzaine de dirigeants de grandes entreprises. Ce cours est l'un des cinq ateliers de leur journée de formation. Le professeur n'a donc qu'une heure pour exposer ce qu'il a à dire.

Il entre dans la salle, regarde ses élèves un par un, lentement, puis leur dit : « Nous allons réaliser une expérience. »

De dessous la table qui le sépare de ses élèves, le professeur sort un grand seau qu'il pose en face de lui. Il sort ensuite une quinzaine de pierres qu'il place une par une dans le seau, en essayant de les ajuster du mieux possible. Lorsque le seau est rempli jusqu'au bord et qu'il est impossible d'y ajouter une seule pierre, il lève les yeux vers ses élèves et leur demande :

— Est-ce que ce seau est plein ?

— Oui, répondent-ils en chœur.

Il attend quelques secondes et ajoute : « Vous croyez ? »

Il se penche de nouveau et sort un récipient rempli de gravier. Avec minutie, il verse ce gravier sur les pierres, puis tapote sur le bord du seau. Les morceaux de gravier s'infiltrent entre les cailloux, jusqu'au fond du seau et finissent par remplir la plupart des espaces libres qui existaient entre les grosses pierres.

Le professeur lève à nouveau les yeux vers son auditoire.

« Est-ce que ce seau est plein ? »

Les plus futés de ses élèves commencent à comprendre son manège et l'un d'eux répond :

— Pas encore !

— En effet ! répond le professeur.

Il se penche encore une fois et sort un bac rempli de sable. Il verse lentement le sable dans le seau en tapotant toujours son flanc pour que le sable se glisse dans les espaces encore vacants.

« Est-ce que ce pot est plein ? » demande-t-il encore.

Les élèves ont tous compris la manœuvre et répondent tous :

— Non !

— Parfait ! répond le professeur.

Et comme chacun s'y attend, il prend le pichet d'eau qui était sur la table et remplit le seau jusqu'à ras bord. Il lève ensuite les yeux vers son groupe et demande : « Que nous démontre cette expérience ? »

L'un des élèves songe au sujet du cours, et répond :

— Cela démontre que même lorsque l'on croit que notre agenda est complètement rempli, on peut encore y ajouter plus de rendez-vous, plus de choses à faire.

— Non, répond le professeur, ce n'est pas ce que je voulais démontrer. Réfléchissez à ceci : si on ne met pas les grosses pierres en premier, on ne pourra jamais les faire entrer par la suite.

Chacun réfléchit à ces propos. Le professeur ajoute alors :

« Quelles sont les grosses pierres dans votre vie ? Votre santé ? Votre famille ? Vos ami(e)s ? Vos rêves ? Apprendre ? Défendre une cause ? Faire du sport ? ou… tout autre chose ? La façon dont vous remplissez votre vie, l'ordre dans lequel vous placez les choses, détermine ce que vous parviendrez à réaliser. Si vous ne placez pas en priorité dans votre planning, ce qui compte le plus pour vous, il ne vous sera plus possible de le faire pas la suite. Les graviers et le sable auront bloqué le fond du seau. Quelles sont vos grosses pierres ? »

Et avec quelques minutes d'avance, le professeur salue son auditoire et quitte tranquillement la salle.

Février

S'aimer comme une maman aime son enfant

« Ne me secouez pas… Je suis plein de larmes. »
Henri Calet[1]

Amour, douceur et tendresse, compréhension totale, pardon bienveillant, fierté inconditionnelle… comme ces sentiments sont nourrissants ! Comme ils aident à guérir et à grandir ! Comme ils permettent de se construire et de se réparer ! Quel que soit notre âge, quelle que soit notre situation, nous en avons toujours besoin pour faire face au sentiment d'échec. L'amour, la compréhension et le pardon sont le baume irremplaçable, indispensable à la guérison de nos blessures intérieures.

La sévérité, le perfectionnisme, l'exigence, la critique, sont sans doute des attitudes utiles à notre évolution. Elles nous poussent à nous dépasser et à explorer nos ressources dans chacun de leurs recoins. Mais elles ne guérissent pas. Et le plus puissant des guerriers ne pourra pas poursuivre indéfiniment le combat, si les blessures s'ajoutent les unes aux autres, sans être jamais soignées.

Quelle attitude adoptes-tu le plus souvent envers toi-même ? **Prends-tu le temps de comprendre et de te pardonner tes erreurs**, ou demeures-tu toujours dans l'exigence et la critique ? Faire preuve de douceur envers soi-même n'est pas un signe de faiblesse. **C'est au contraire une condition indispensable pour régénérer ses forces et se préparer aux difficultés à venir.** Que tu sois d'un tempérament bagarreur ou que tu estimes au contraire manquer d'énergie et d'agressivité, tu dois t'accorder régulièrement ce repos de l'esprit pour optimiser ton potentiel.

1. Écrivain et journaliste français (1904-1956). Cette citation est extraite d'une note inscrite sur son carnet, deux jours avant sa mort : « C'est sur la peau de mon cœur que l'on trouverait des rides. Je suis déjà un peu parti, absent. Faites comme si je n'étais pas là. Ma voix ne porte plus très loin. Mourir sans savoir ce qu'est la mort, ni la vie. Il faut se quitter déjà ? Ne me secouez pas. Je suis plein de larmes. »

- Lorsque notre corps est fatigué, il sait nous le faire savoir sans ambiguïté : courbature, manque de tonus et parfois maladie, sont là pour nous obliger à respecter nos limites physiques et permettre à nos muscles et à nos organes (foie, rate, etc.) de récupérer lorsqu'ils ont été très sollicités.
- Notre intelligence logique a elle aussi les moyens de nous signaler son épuisement : elle cesse tout bonnement de fonctionner. Tu as sans doute déjà constaté cet état dans lequel tes idées s'embrouillent et où tu ne parviens plus à ordonner tes pensées.
- Mais qu'en est-il de notre intelligence émotionnelle ? Que se passe-t-il quand, à force d'épreuves affectives, elle se trouve en limite de ses capacités ? Si nous savons être à son écoute, nous saurons entendre cette forme de mélancolie inexplicable, cette sensation d'agacement sans origine ou cette inhabituelle tendance à pleurer qui apparaissent parfois sans crier gare et qui traduisent son épuisement.

Lorsque nous sommes trop occupés par nos responsabilités ou nos projets en cours, nous tentons d'ignorer ces signes discrets de déséquilibre. L'agressivité et l'excitation nous permettent alors de surmonter et de masquer la fatigue émotionnelle pour un temps. Plus les jours passent et plus notre déséquilibre s'accentue. Nos réactions s'éloignent peu à peu de notre nature réelle, provoquant de nouvelles crises émotionnelles qui viennent encore ajouter à la fatigue existante. Notre sommeil devient agité. Nous dormons souvent peu et toujours mal et notre fatigue s'accroît encore et encore.

Quand le déséquilibre dépasse le seuil de ce que nous parvenons à gérer, une crise violente éclate, à moins que notre corps ne vienne à notre secours en tombant malade. Nous nous trouvons alors dans l'obligation de nous arrêter et notre partie émotionnelle peut enfin se reposer. Malade, affaibli, ou rejeté par ceux sur qui nous avions déversé notre malaise, nous abandonnons enfin le contrôle violent que nous exercions sur nous-même. Notre position de victime nous donne peut-être l'occasion d'accueillir la compassion des autres et de nous en donner un peu à nous-même. Si nous nous refusons ces cadeaux et reprenons nos activités alors que notre fatigue n'est pas entièrement nettoyée, la crise ne tarde pas à revenir. Nous nous en voulons de cette faiblesse. Nous culpabilisons de manquer d'efficacité. Nous nous martyrisons alors que nous avons tant besoin de douceur et nous nous éloignons encore davantage de l'équilibre qui nous est nécessaire.

Reconnais-tu ce scénario ? Voici quelques signes qui ne trompent pas :

- si tu es souvent malade,
- si tu as tendance à te retrouver facilement dans la position d'une victime,
- si ton entourage te reproche d'être « mou », de manquer de dynamisme,
- si tu es souvent râleur, plaintif ou violent,
- si tu te surmènes en espérant que ton travail te vaudra de l'admiration,
- si tu as tendance à jouer le « petit garçon » ou la « petite fille » pour amuser tes amis ou pour obtenir de l'attention,

... c'est sans doute que tu manques de douceur envers toi-même et que tu ne sais pas demander ou simplement accueillir la sympathie et l'amour que tu peux recevoir des autres. **Tous les symptômes que je cite dans cette liste sont des moyens maladroits d'obtenir des attentions de la part de notre entourage.**

Il fut un temps où l'admiration et le respect étaient les sentiments qui me semblaient le plus nécessaires. Quand je me trouvais en position de détresse émotionnelle, mon ego m'encourageait à mettre ma force, mes compétences ou mes connaissances en avant et me plaçait en position d'affrontement, de concurrence ou de rivalité avec mon entourage. Ces attitudes sont hélas à l'opposé de ce qui aurait pu m'être utile : elles m'empêchaient de créer un rapport basé sur la douceur.

À d'autres occasions, je me suis retrouvé prêt à me contenter de la pitié des autres, plutôt que d'une amitié et d'un amour valorisants. Cette recherche de l'apitoiement n'est au final qu'une autre ruse de l'ego qui avance masqué.

Sans vouloir le reconnaître et pour tenter de rétablir mon équilibre, il m'est arrivé de quémander de l'amour ou de l'attention en usant de l'un des moyens que je cite dans la liste ci-dessus. Mais ces moyens ne permettent pas un échange équitable dans lequel chacun s'y retrouve. Lorsque nous les utilisons, notre entourage finit par se sentir floué et par prendre une certaine distance vis-à-vis de nous. **Ces stratégies nous empêchent de construire des relations profondes et durables.** Cela fragilise encore davantage notre estime personnelle et augmente notre charge émotionnelle.

Il nous arrive souvent de minimiser l'importance de tout cela, de nous dire que nous manquons de temps pour nous y arrêter, qu'il ne s'agit pas d'une priorité... Pourtant, aucun être humain ne peut prétendre être au mieux de sa forme et de ses performances dans ces conditions. La fatigue émotionnelle diminue considérablement nos capacités et nous empêche d'atteindre notre potentiel.

Chaque être humain, sans doute, a déjà expérimenté cet horrible cercle vicieux dans lequel certains d'entre nous restent enfermés pendant des années. Sortir d'un cercle vicieux n'est pourtant pas si difficile : il suffit de renverser la vapeur en adoptant un comportement exactement inverse à celui que l'on pratiquait jusque-là.

- Lorsque je constate que je suis râleur ou agressif, je ne refuse pas cette réalité. Je n'essaye pas de la nier ou de la minimiser. Je demande sincèrement pardon à ceux que j'ai dérangés ou blessés. J'ai à présent conscience que la colère que je peux ressentir prend TOUJOURS naissance à l'intérieur de moi, en s'appuyant sur mes faiblesses ou mes insuffisances, et que l'autre n'a été qu'un déclencheur de cette colère ou de cet agacement. J'essaye d'accueillir l'existence de mes faiblesses sans culpabiliser, car je sais qu'elles font partie de ma condition humaine et que mon travail sur moi-même me permet peu à peu de les surmonter. J'exprime cette prise de conscience à ceux que j'ai blessés et cela me permet d'obtenir de la compréhension et de la sympathie, au lieu de rester sur un sentiment négatif.
- Je cesse de nier ma nature humaine. Que cela plaise ou non à mon ego, je suis sensible à la fatigue. Aussi fort que je puisse être, ou vouloir devenir, j'ai besoin de douceur et de compassion. Mon cœur souffre quand je suis dans la confrontation avec d'autres humains. Prétendre le contraire revient à nier une part de la réalité. Quand je refuse la réalité, mes raisonnements sont biaisés et je prends de mauvaises décisions qui me conduisent à l'échec.
- Lorsque je prends conscience que j'ai tendance à me plaindre, j'explique à ceux que j'ai importunés que j'ai décidé de prendre ma vie en main et de vivre désormais des rapports équilibrés avec mon entourage, qu'il me faudra du temps, sans doute, mais que je suis bien décidé à positiver ma vision de la vie et à cesser de représenter une charge permanente pour les autres.
- Lorsque je prends conscience que je me suis positionné en victime, je recherche ma part de responsabilité dans les situations pénibles que j'ai vécues. Si je n'y parviens pas, je demande de l'aide aux autres pour m'aider à y voir plus clair : « À ton avis, qu'est-ce que j'aurais dû faire à ce moment-là ? » et j'essaye d'écouter ce que l'on me dit sans contre-argumenter. Je conclus la discussion en disant : « Je te remercie beaucoup pour ton aide. J'ai encore de la difficulté à voir les choses de cette façon, mais je te promets de réfléchir à ce que tu m'as dit. »

- Lorsque j'ai le sentiment d'être « mou », de manquer de dynamisme, je pratique l'exercice figurant dans le chapitre intitulé « Gérer nos priorités ». Je constate chaque jour que je n'ai pas besoin d'agir beaucoup pour agir bien et être efficace.

Ce travail m'a permis de constater les paradoxes (apparents) suivants :

En m'accordant le droit à la faiblesse, je deviens plus fort.

En reconnaissant clairement mes limites, je parviens à les repousser.

En pratique

Je te propose de faire un travail de nettoyage concernant tes blessures passées afin de remettre ta partie affective d'aplomb et d'expérimenter ta capacité à te donner de la douceur et de l'amour. Les premières fois que tu feras cet exercice, tu devras y consacrer deux à trois heures pour bien le mener à terme.

Lorsque ce travail sera fait, tu pourras utiliser la même technique pour régler, chaque jour, les événements difficiles de la journée. Il sera alors possible de faire l'ensemble de cet exercice en moins d'une heure.

- Commence par t'inscrire dans la douceur en prenant soin de ton corps. Selon ce que tu ressens de plus juste pour y parvenir, tu peux prendre un bain, te raser ou te maquiller, t'habiller de telle ou telle façon, t'appliquer de la crème hydratante ou te régaler d'un repas qui sera léger mais délicieux… Prends soin de ton corps comme une maman aimante le ferait pour le corps de son enfant. Si cela te semble possible et agréable, caresse tes bras, tes jambes, tes pieds, tes mains, ton visage… toujours en douceur et en y mettant autant d'amour qu'il t'est possible de le faire.
- Dresse un inventaire de tout ce que la vie t'a offert de bon. Quels que soient les drames et les douleurs que tu as dû traverser, il ne serait pas juste de ne voir qu'eux et d'oublier les bonheurs et les joies que la vie t'a offerts. De même, dresse un inventaire de tout ce que tu as réussi, car quels que soient tes « échecs », ils n'annulent pas ce que tu as fait de bon. Accorde-toi de la gratitude et de la reconnaissance pour ce que tu as déjà et pour ce que tu es déjà.
- Choisis ensuite une position qui soit la plus confortable possible, assis(e) ou allongé(e), peu importe, tu dois te placer de sorte que tu te sentes parfaitement à l'aise.
- Pratique plusieurs respirations profondes, autant que nécessaires pour relâcher tes tensions, faire le vide en toi et atteindre le calme. Concentre-toi sur ta respiration, sens tes poumons se gonfler et se vider, sens l'air passer dans ta gorge puis sortir par ta bouche. Sens tes organes se déplacer sous l'effet du mouvement de ta cage thoracique. Porte ton attention sur l'ensemble de ton ventre. Quelle sensation subtile parviens-tu à ressentir ou à deviner à tel ou tel endroit ? Ressens-tu le mouvement de ta respiration dans ton bassin ? dans tes hanches ?
- Déplace ton attention dans l'ensemble de ton corps. Que ressens-tu dans tes jambes, dans tes pieds, dans tes épaules, dans ta nuque, dans tes bras ? Sois attentif à chaque sensation, qu'elle

soit agréable ou désagréable. Si tu détectes encore des tensions au cours de cet examen, essaye de relâcher les muscles concernés. S'il le faut, change de position pour pouvoir te détendre encore plus.

- Reviens à ta respiration, concentre-toi à nouveau sur le mouvement de ta cage thoracique puis sur l'air qui circule à travers ton corps. Puis recommence l'exploration de tes sensations en commençant par le ventre puis en déplaçant ton attention dans tout le reste de ton corps. Pendant que tu fais ce second voyage à l'intérieur de toi, répète-toi sans cesse : « Je suis en train de m'occuper de moi, je suis attentif à moi-même. »
- Si tu ressens une gêne ou une douleur quelque part, arrête-toi sur elle, prends le temps de la vivre entièrement, sans la nier, sans la refouler. Si tu ne ressens strictement rien à un autre endroit, si cette zone te semble comme insensible, endormie, tourne autour d'elle, essaye de déterminer où ta sensibilité s'arrête et comment tu peux aiguiser ton attention sur elle.
- S'il y a des parties de ton corps que tu n'aimes pas, essaye de t'apprivoiser lentement avec elles. Déplace ta conscience à l'intérieur de cette partie et imagine ce qu'elle peut ressentir. Si tu étais ce ventre, ces genoux ou cette autre partie de toi que tu n'aimes pas, que ressentirais-tu ? Bien entendu, tu éprouveras sans doute de la tristesse ou de la gêne en faisant cela. Ne refoule pas ces sentiments. Accueille-les avec douceur et compassion, comme une maman aimante consolerait son enfant et répète-toi : « Je suis en train de m'occuper de moi, je suis attentif à moi-même. »
- Tu peux arrêter l'exercice à cet endroit si tu as déjà éprouvé de l'apaisement ou si tu as ressenti des émotions qui te bouleversent. Si tu te sens bien et que tu souhaites poursuivre, explore ta mémoire pour y retrouver un passage douloureux de ton passé. Immerge-toi dans la peine que ce souvenir provoque chez toi. Chasse toute pensée et concentre-toi uniquement sur l'émotion que ce souvenir éveille. Accueille pleinement cette émotion avec douceur et compassion et occupe les voix qui parlent dans ta tête en te répétant sans arrêt : « Je suis en train de m'occuper de moi, je suis attentif à moi-même. »
- Lorsque tu te sens trop bouleversé(e) par une sensation ou un souvenir douloureux, ramène ton attention sur ta respiration pendant environ une minute, puis évoque un souvenir ou une sensation positive ou valorisante.
- Jour après jour, répète cet exercice aussi souvent que possible et passe peu à peu en revue tous les événements passés qui te sont douloureux. Cela ne fera pas disparaître toutes ces douleurs qui font partie de toi, mais cela te permettra de les porter plus facilement. Une fois qu'on a fait la paix avec elle, une vieille douleur peut devenir une amie.

Souviens-toi que cet exercice est conçu pour reposer ta partie émotive. Ton intelligence logique n'est pas concernée et tu ne dois pas tenter de régler des problèmes d'ordre logique pendant ce travail. Si tu sens que des pensées parasites t'empêchent de te détendre et de t'occuper de tes émotions, repositionne ton attention sur ta respiration. Respire profondément en vidant bien tes poumons à chaque fois et répète-toi : « J'ai décidé de m'occuper de moi-même, de mes émotions, de mon ressenti, de mes peines et de mes tristesses. Je m'accorde de l'attention et de la douceur. »

Comme tu le sais sans doute, le pardon est une voie de guérison fantastique. Il permet d'évacuer la colère qui nous bloque dans des cercles vicieux. Il permet de transformer nos énergies négatives en énergies positives. Le pardon à soi-même est un exercice indispensable pour évacuer la **culpabilité inutile** que nous ressentons parfois face à nos échecs, nos insuffisances et même nos handicaps. Cette culpabilité n'est pas constructive. Elle nous paralyse, sape notre estime de nous et notre enthousiasme.

Mais le pardon n'est pas une démarche de l'intellect. C'est une démarche qui vient du cœur. Tu n'avanceras pas d'un pouce sur ce chemin avec ton intelligence logique, ni avec tes réflexions. Inutile de chercher à comprendre le pourquoi du comment ni ce que tu aurais pu faire ou que quelqu'un d'autre aurait dû faire... cela ne pourra pas te libérer en quoi que ce soit. Cela ne pourra qu'absorber ton énergie en renforçant tes doutes, ta culpabilité et ta tendance au jugement. Il suffit de t'accorder de la douceur et de l'attention pour rééquilibrer ton intelligence émotionnelle et permettre ce travail de pardon.

Je ne doute pas que tu n'aies déjà tenté, par tous les moyens que te propose ton intelligence logique, de gérer tes difficultés émotionnelles. Si tu veux à présent aller plus loin, il est temps d'essayer d'autres outils. La méditation est une voie complémentaire qui pourra peut-être t'aider. Toutes les activités qui mettent ton esprit en repos et qui t'invitent à ressentir, à écouter ce que ton corps peut souhaiter te dire, sont à tenter.

Aussi étrange que puisse te sembler le fait de se caresser les bras et les jambes avec tendresse dans une baignoire, je t'assure que cela mérite d'être tenté.

« Le pardon libère l'âme, il fait disparaître la peur.
C'est pourquoi le pardon est une arme si puissante. »
Parole prêtée à Nelson Mandela dans le film *Invictus*.

Le point de vue du professeur Foldingue

L'une des réflexions maîtresses de la psychothérapie concerne le rapport que nous entretenons avec nos parents : devenir adulte (c'est-à-dire être libre), c'est réussir à couper les ponts qui nous lient encore avec notre père et notre mère. Briser le fameux complexe d'Œdipe cité par Freud, mais aussi de nombreuses autres pathologies liées à une relation malsaine ou incomplète.

L'exercice est d'autant plus difficile que nos parents n'ont pas toujours joué le rôle « qu'ils auraient dû ». Et nous portons cruellement ce manque en nous, comme une blessure qui ne voudrait pas guérir, jusqu'à ce que la vie nous fournisse enfin les clés nous permettant de nous libérer en reconstruisant cette partie manquante de notre personnalité.

Faute de cette reconstruction, nous risquons de jouer à notre tour le rôle de « vecteur » et de retransmettre à nos enfants des blessures qui proviennent parfois de plusieurs générations antérieures. La psychogénéalogie[1] et les « constellations familiales[2] » sont deux approches thérapeutiques qui tentent d'identifier et de guérir les traumatismes transgénérationnels.

Mon amie Christiane Lavanoux qui pratique le coaching de vie est l'auteur d'un jeu qu'elle a baptisé le « jeu du je ». Son concept[3] repose sur une idée simple et puissante; quatre aptitudes humaines fondent l'humain :

- **La force du père** (le rapport à la pensée), qu'elle associe à l'aptitude à concevoir, à diriger, à guider, à apporter la lumière.
- **L'ouverture du papa** (le rapport à l'autre) qu'elle associe au relationnel, à l'ouverture aux autres, à la capacité de valider l'autre et soi-même.
- **La force de la mère** (le rapport à l'action) qu'elle associe aux plans matériel, physique et financier, à la sexualité et à la nourriture.
- **L'ouverture de la maman** (le rapport à soi) qui nous ouvre à l'amour, l'accueil, l'émotionnel et le sensoriel.

1. La psychogénéalogie est une théorie développée dans les années 1970 par le Pr Anne Ancelin Schützenberger. Selon cette théorie, les événements, traumatismes, secrets, conflits vécus par les ascendants d'un sujet peuvent conditionner ses troubles psychologiques, ses maladies, et ses comportements étranges ou inexplicables.

2. La méthode des « constellations familiales » a été élaborée par Bert Hellinger dans les années 1990. Elle se pratique en groupe et consiste à mettre en scène, à la façon d'un jeu de rôle, les problématiques familiales identifiées par l'un des membres du groupe.

3. Ce chapitre n'est pas un résumé de la pensée de Christiane Lavanoux. Je me suis librement inspiré de la base de son concept pour guider mes réflexions. Pour en savoir plus sur le *jeu du je*, voir http://igameattitude.com.

Ces aptitudes correspondent à des modèles (Freud dirait sans doute « archétypes ») qui s'installent dans notre psychisme au cours de notre enfance, grâce aux relations que nous avons avec nos parents ou avec d'autres référents. Elles correspondent en quelque sorte à une **intégration** de ces personnalités en nous-même, un peu comme des fantômes ou des anges gardiens que nous créons, puis faisons vivre en nous.

Pour comprendre cette approche, il est important de réaliser que les concepts « père », « mère », « papa » et « maman » de ce modèle, **ne renvoient pas directement (ni nécessairement) à nos véritables parents**. En tant qu'archétypes, ils ne sont que des symboles généraux représentant des **images** de ce que peut être un père, une mère, etc. Il est par exemple possible que ce soit ta mère (véritable) qui t'ait permis de construire ta force de père, ou ton père qui t'ait permis de construire ta force de maman.

Dans l'idéal, chacun de nos parents est lui-même porteur de ces quatre aptitudes et nous en a fait don. Nous sommes alors adultes, c'est-à-dire « complets » et autonomes. Dans la réalité, une (ou plusieurs) de ces aptitudes nous manque/ou se trouve trop peu développée chez nous. La synergie entre ces quatre forces n'est alors pas possible. Notre être et notre vie en sont déséquilibrés.

De par leurs personnalités, leurs histoires et leurs propres problématiques, nos parents ne pouvaient sans doute pas être les modèles parfaits de notre construction. Il est si difficile d'être à la fois le père-qui-guide, et le papa-qui-valide ou la mère-qui-agit et la maman-qui-accueille !

De plus, la culture dans laquelle nous vivons, tend à privilégier les forces du *père* et de la *mère*, au détriment de l'ouverture du *papa* et de la *maman* (je suppose que la période de la révolution féminine que nous venons de traverser a laissé peu de place à la force de la maman dans notre société). Les parents célibataires, les familles reconstituées et les divers autres bouleversements du schéma familial traditionnel ont sans doute brouillé les cartes, amenant souvent l'un des parents à proposer à ses enfants (lorsqu'il le peut) un des modèles classiquement dévolu à l'autre sexe.

De nombreuses thérapies proposent de régler ce type de problématique en renouant le dialogue avec ses parents afin de tenter de « réparer » la relation incomplète que l'on a vécue jusque-là. Il est par exemple conseillé de rédiger une lettre au parent avec qui la relation pose le plus de difficultés[1].

Ce type de démarche mérite vraiment d'être tenté mais se trouve confronté à au moins trois écueils :

- Le ou les parents concernés, même lorsqu'ils sont encore en vie, ne sont pas forcément ouverts à un travail de ce genre.
- Nos parents sont eux-mêmes victimes de leurs propres manques et ne disposent pas forcément des ressources que nous souhaiterions trouver chez eux.
- Le « manque » que nous constatons dans notre personnalité n'a parfois qu'une correspondance lointaine avec nos parents réels. **L'image de la *mère* n'est pas la mère, comme l'image du *père* n'est pas le père.**

Nos quatre aptitudes *père/papa, mère/maman* se sont construites sur la vision **subjective** que nous avons de nos parents et non pas sur le comportement réel qu'ils ont pu avoir au cours de notre enfance. Des faits, en apparence anodins pour les adultes qu'étaient nos parents et pour les adultes que nous sommes devenus aujourd'hui, peuvent avoir profondément influencé ces modèles. Une réprimande trop brutale, une vexation, une privation quelconque peuvent prendre une importance considérable à certains stades de la construction d'un enfant. Il est très difficile, quelques décennies plus tard, d'identifier et de guérir tous ces mini-traumatismes.

L'autre voie consiste à reconstruire ou à compléter les aptitudes qui nous manquent, par nos expériences de vie. Après tout, ces quatre modèles ne reposent que sur des représentations **symboliques** du *père/papa* et de la *mère/maman* idéales. Il est sans doute possible de nourrir ces représentations et de les compléter par d'autres modèles que nos véritables parents.

1. Cette lettre ne sera pas nécessairement transmise au parent concerné, mais sa rédaction permet déjà de reconnaître et d'exprimer sa douleur. Aussi étrange que cela puisse paraître, cette technique peut produire de bons résultats même lorsque l'on s'adresse à un parent décédé. C'est une démarche proposée par exemple par Joan Gattuso dans *Un cours sur l'Amour* où il propose d'écrire une lettre puis de la détruire par le feu.

Dans son livre *Le courage d'être soi*, Jacques Salomé rapporte un témoignage disant : « Quand j'ai pu rassembler dans un grand sac, écrites sur des bouts de papier, toutes les disqualifications, les dévalorisations et les humiliations que ma mère avait déposées sur moi pendant trente-cinq ans, et que je suis allée brûler le tout sur sa tombe, tous mes ressentiments, mes accusations contre elle ont disparu d'un seul coup ».

Sur un modèle qui diffère légèrement de celui de Christiane Lavanoux, je propose l'idée que devenir adulte, c'est :

- Développer le respect de soi et des autres, devenir capable d'organiser sa vie, se fixer une certaine discipline et la suivre, être fidèle à ses engagements envers soi-même et envers les autres, accepter la réalité des choses, prendre conscience que chacun de nous est une parcelle d'un tout...
- Développer la confiance en soi, être capable de persévérance, garder le cap dans les moments difficiles, affronter et vaincre les peurs qui nous paralysent, aller vers les autres et conclure des alliances avec eux...
- Développer l'estime de soi, croire à sa force créative, être capable de bousculer l'ordre établi, être capable d'évoluer, de s'adapter aux nouvelles situations, prendre conscience que chacun de nous est unique...
- Développer l'amour de soi, la douceur, la mesure, la compassion, accueillir son émotionnel et celui des autres, et en tenir compte dans ses décisions...

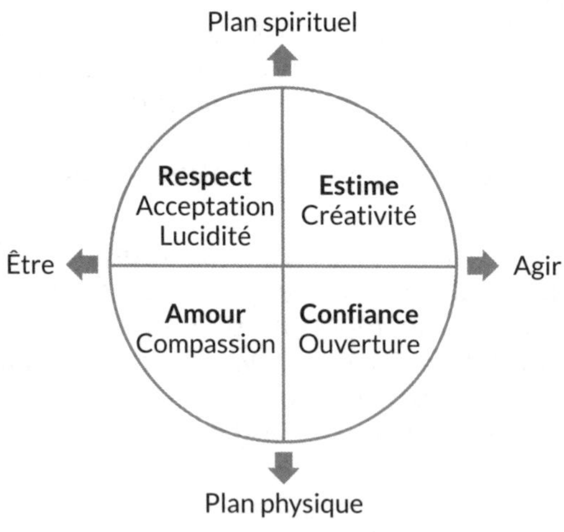

Lorsque l'une de ces polarités est incomplète, le déséquilibre engendré s'exprime aussi bien à travers soi qu'à travers les autres : lorsque l'on manque de respect à soi-même, on manque de respect aux autres, lorsque l'on manque de confiance en soi, on manque de confiance envers les autres, etc.

Si tu penses manquer de lucidité sur toi-même et ne pas savoir quels sont les axes qu'il serait intéressant de développer pour toi, il suffit de regarder comment tu te comportes avec les autres, quels sont les reproches que l'on t'adresse souvent, ou quelles sont les qualités que l'on remarque chez toi.

Pour chacun de ces axes, ce livre te propose plusieurs chapitres qui contiennent des pistes de réflexion et peut-être de guérison :

Respect et lucidité : Gérer nos priorités/Distinguer acceptation et résignation/Être sincère avec soi-même.

Confiance : Nous ouvrir et danser avec la vie/Formuler nos demandes/Vérifier ses peurs/Être sincère avec les autres.

Estime : Arrêter de réfléchir/Développer son sens de l'humour.

Compassion : S'aimer comme une maman.../Abandonner le jugement/Apprendre à jouir de ce que l'on a.

Toutefois, comme certaines notions se recoupent entre elles, tu pourras également trouver des idées éparses qui concernent plusieurs de ces quatre polarités.

Si le présent chapitre est le seul qui soit directement consacré à l'une de ces quatre polarités, c'est que l'amour/compassion, me semble avoir une importance toute particulière au sein de notre personnalité.

La capacité de compassion est souvent considérée comme l'aboutissement ultime de la sagesse et de l'accomplissement spirituel. C'est celle que nous attribuons le plus volontiers au dalaï-lama, au Christ, à Mahomet ou à Bouddha.

Je me demande pourtant si nous ne prenons pas les choses à l'envers en considérant les choses de cette façon : la capacité d'aimer n'est-elle pas plutôt la base de toute libération ? Grâce au pardon universel qu'elle permet d'atteindre, elle nous libère de nos colères. Une fois libéré de la colère, ne devient-il pas évident et naturel d'accéder à l'acceptation des réalités ? Cette acceptation apporte enfin un sens à nos expériences passées. Et ce sens nous guérit de toutes nos tristesses. Une fois la tristesse envolée, la peur que nos souffrances passées avaient engendrée ne peut plus perdurer : puisque nous constatons qu'il nous est possible de guérir, nous n'avons plus peur de tenter toutes les nouvelles expériences qui se présentent à nous.

Le chemin de la libération

Amour ➡ Pardon ➡ Disparition de la colère ➡ Acceptation ➡ Disparition de la tristesse ➡ Disparition des peurs

Et sans peurs, de quoi sommes-nous capables ? De tout ! Si tu veux bien, ami lecteur, rêve avec moi pendant quelques instants d'un monde débarrassé de ses peurs et guidé par l'amour… Woaw !

L'intelligence émotionnelle : un concept en plein essor

Au cours du XXe siècle, de nombreuses significations ont été données au terme d'intelligence. Dans tous les cas, il s'agit de rassembler de l'information, d'apprendre de celle-ci (comparaisons, analyse et synthèse) et d'en tirer des déductions capables d'orienter nos comportements. Au sens large, l'intelligence est donc une habileté mentale.

Jusqu'aux années 1990, cette habileté mentale était essentiellement conçue comme logique. Dans l'esprit de beaucoup, les tests de quotient intellectuel (QI) étaient censés mesurer l'intelligence, bien qu'ils ne comportent que des questions faisant appel à nos facultés logiques. Cette vision restrictive de l'intelligence humaine fut, de plus, fortement contestée à partir des années 1940. Le psychologue David Wechsler fait remarquer que des individus aux QI similaires peuvent différer fortement dans leur capacité à maîtriser leur environnement, tandis que Louis Leon Thurstone remet radicalement en cause le principe du QI en découpant les capacités logiques en sept paramètres totalement indépendants les uns des autres (visualisation spatiale, perception des détails, capacités d'écoute et d'élocution, maîtrise du langage (lexicale), mémoire, maîtrise du calcul, capacités d'association). Dès lors, pourquoi et comment associer une note globale à des capacités indépendantes les unes des autres ?

Le concept d'intelligence émotionnelle, développé par Peter Salovey et John Mayer dans les années 1990 vient encore bousculer le QI. Selon eux, l'intelligence purement logique ne joue qu'un rôle modeste dans la capacité d'un individu à réussir socialement ou à diriger un groupe. L'intelligence émotionnelle, définie comme « l'habileté à percevoir et à exprimer les émotions, à les intégrer pour faciliter la pensée, à comprendre et à raisonner avec les émotions, ainsi qu'à réguler les émotions chez soi et chez les autres », serait la clé déterminante de la réussite sociale.

À peine inventé, ce nouveau concept inonda les librairies et les sommaires de centaines de magazines, comme si le carcan de la logique était devenu étouffant pour une grande part d'entre nous. Salovey et Mayer continuèrent toutefois leurs travaux et affinèrent leurs définitions tandis que de nombreux théoriciens s'emparaient de ce modèle pour l'appliquer à la gestion d'entreprise et à celle des ressources humaines. Reuven Bar-On[1] a ainsi développé un test de quotient émotionnel (QE) censé mesurer le potentiel de rendement et de succès d'un individu.

Le terme très ancien d'« intuition » résume finalement assez bien les diverses définitions qui sont proposées aujourd'hui pour l'intelligence émotionnelle. Dans leurs travaux récents, Salovey et Mayer décomposent cette capacité en deux :

- la dimension expérientielle (la capacité à percevoir et à manipuler l'information émotionnelle ainsi qu'à y réagir **sans nécessairement la comprendre**) ;
- la dimension stratégique (la capacité à comprendre et à gérer les émotions **sans nécessairement bien percevoir les sentiments ou les éprouver complètement**).

Durant plus de trois siècles, la culture occidentale a voulu réduire l'intelligence humaine à la logique pure. Le succès considérable de l'intelligence émotionnelle est sans doute une réponse à cette vision restrictive.

Les dysfonctionnements de la logique ont été identifiés et analysés depuis longtemps : quand deux raisonnements logiques aboutissent à des conclusions contradictoires, on sait que l'un des deux (au moins) comporte une erreur d'analyse ou repose sur des données incomplètes ou fausses.

Que se passe-t-il quand l'intelligence émotionnelle est en dysfonctionnement ? Comment s'en apercevoir ? **Je propose la réponse suivante : quand nous sommes tristes ou en colère**[2]**.** En étant plus attentifs à nos émotions négatives, en cessant de les refouler ou de les nier, nous pouvons profiter du message qu'elles nous donnent : ici, quelque chose cloche dans notre fonctionnement. Par le simple jeu du recoupement et de la déduction, nous sommes

1. Directeur de l'Institut des Intelligences Appliquées du Danemark et expert-conseil auprès d'organisations en Israël.

2. Selon cette proposition, l'intelligence émotionnelle devient alors **la capacité à surmonter sa tristesse et sa colère**.

alors en mesure de développer peu à peu cette forme d'intelligence et de la réconcilier avec notre intelligence logique.

De ce point de vue, l'intelligence émotionnelle devient la capacité à se pardonner et à pardonner aux autres. N'est-ce pas une condition indispensable pour accepter la réalité sous TOUS ses aspects et agir enfin « intelligemment » ?

Le cas d'école qui colle

D'où vient cette attirance ambiguë que j'éprouve pour la nostalgie ? Pourquoi cette forme de tristesse profonde qui me serre le cœur m'est-elle parfois si délicieuse ?

J'aurais été bien en mal de répondre à cette question il y a quelques années. Et pour cause : je n'éprouvais jamais ce sentiment. Je m'en faisais une vague idée, bien sûr : j'aime la musique et il me semble impossible de ne pas éprouver quelque chose en écoutant Carlos Gardel. Mais jamais aucun de mes souvenirs n'avait déclenché cette émotion.

Comme tu vas le voir, le chemin que j'ai suivi pour y accéder est des plus étranges. Il commence à une époque où mon engagement professionnel occupait la quasi-totalité de ma vie. Mes deux frères et ma femme travaillaient avec moi. Nos sociétés étaient jeunes mais prospéraient magnifiquement grâce à nos énergies conjointes. Leurs croissances rapides nous avaient amenés à nous endetter très fortement pour financer nos stocks et nos divers équipements. La pression était énorme, mais l'ambiance était à l'enthousiasme.

Je travaillais dix à quatorze heures par jour en optimisant chaque minute pour tenter de faire face à la charge de travail toujours croissante que générait notre progression. Au bout de trois ans, je commençais à fatiguer sérieusement. Assez sérieusement pour être obligé de prendre la chose en compte et d'intégrer un peu de détente dans ma gestion du temps. Je décidais de programmer deux heures de sport par semaine et de rentrer plus tôt chaque jour à la maison, afin de profiter davantage de ma famille.

Comme un fait exprès, à chaque fois que je décidais d'obéir à cette bonne résolution, un client débarquait à l'improviste dans le magasin et me demandait un devis particulièrement prometteur. Mes séances de sport étaient sans cesse reportées et je rentrais chaque soir aussi tard qu'auparavant.

Un soir, alors que ma femme me faisait constater, une fois de plus, que mon travail passait avant ma famille, je me mis brutalement à entendre et à comprendre ce qu'elle me disait : en effet, l'attention que j'accordais à mes clients était, bien malgré moi, supérieure à celle que j'accordais à ma femme et à mes enfants.

Tant que j'y étais, je poussais le raisonnement encore un peu plus loin : compte tenu de la façon dont je gérais mes priorités, il était évident que j'accordais également plus d'attention à ma famille et à mes employés qu'à moi-même. Telle que ma vie était organisée, j'étais très exactement la dernière roue de la charrette.

Je croyais chaque jour que j'allais pouvoir faire face à toutes les obligations dont j'avais pris la charge et qu'il me resterait un peu de temps pour mes loisirs et mes plaisirs. Et chaque jour, les faits me démontraient le contraire. Exténué, je devais parfois m'accorder une pause ou un moment de détente qui me faisait terriblement culpabiliser et fichait une complète pagaille dans une organisation qui n'avait pas prévu ça. Et pour être totalement honnête, je devais reconnaître que ces moments « volés » l'étaient le plus souvent à ma famille plutôt qu'à mon travail.

Ce constat m'emplit d'une certaine colère qui me donna assez d'énergie pour replacer les choses en perspective : puisque je réussissais à honorer les rendez-vous que je prenais avec mes clients, j'allais considérer que ma famille et moi-même étions des clients. L'idée était un peu choquante, mais puisque je n'obtenais aucun résultat en nous plaçant « au-dessus » de mes relations professionnelles, j'allais nous placer au même niveau et voir ce qui arriverait.

Dès lors, mes séances de sport furent gérées comme des rendez-vous que je prenais avec moi-même. Plusieurs fois par semaine, je prenais également rendez-vous avec ma famille, assez tôt pour pouvoir vraiment en profiter. Et quand un client arrivait à l'improviste au moment où je devais partir, je lui disais tout naturellement : « Je suis navré, j'ai un rendez-vous dans quelques minutes, pouvons-nous nous voir demain ? » Quand j'avais besoin d'un moment calme pour réfléchir à un problème sur le lieu de mon travail, je disais et je faisais dire que j'étais en réunion. Et je disais la stricte vérité : j'étais en réunion avec moi-même.

Ce système fonctionna merveilleusement, ce qui m'amena à un terrible constat : jusqu'alors, je n'avais pas témoigné autant de respect à ce qui comptait pour moi, qu'à mes clients et à mon travail. Quel était donc cet amour que je pensais éprouver pour ma famille et pour moi-même s'il n'était pas accompagné de respect ? Est-ce cela, l'amour ? Le droit de négliger et de sacrifier ? Si tel est le cas, mieux vaut ne pas aimer et encore moins être aimé !

Bien entendu, je ne pouvais pas en rester là. Ma conviction qu'un amour véritable consiste à prendre soin de l'être aimé, plus que de tout autre, était trop forte. Et je ressentais puissamment le besoin d'être aimé de cette façon et de pouvoir aimer de cette façon. Quelque chose clochait, puisque j'avais agi contre cette vision des choses. Mais quoi ? Mon système de rendez-vous fonctionnait parfaitement, mais je sentais bien qu'il me fallait comprendre comment changer mon comportement en profondeur.

À l'heure où j'écris ces lignes, plus de huit ans ont passé depuis cette prise de conscience. J'ai le sentiment d'avoir parcouru un bon bout de chemin vers mon idéal d'amour véritable, mais en toute sincérité, je n'ai pas encore vaincu tous les fantômes qui freinent ma progression. J'ai pu identifier très clairement certains d'entre eux et je m'en méfie désormais comme de la peste.

En tête de liste, je place sans la moindre hésitation la notion de sacrifice. Mon éducation judéo-chrétienne l'a toujours identifiée à l'amour. Le Christ ne s'est-il pas sacrifié lui-même pour sauver l'humanité ? Je ne voudrais pas te choquer, ami lecteur, en contestant cette version de l'histoire, mais je considère aujourd'hui la notion de sacrifice comme un poison violent.

Si Dieu me demandait, comme il l'a fait pour Abraham[1] dans l'Ancien Testament, de sacrifier mon fils pour lui prouver ma foi, il lui faudrait constater que mon expérience et mes convictions ont fait de moi un chrétien plutôt impertinent ; je lui adresserais les propos que voilà : « Je ne doute pas de toi et puisque tu sais tout, en vérité tu ne doutes ni de moi ni de ma foi. Tu es Amour, il t'est impossible de me laisser tuer mon propre fils. Allons ! Je sais comment les choses vont se passer : au dernier moment, tu me diras : «N'étends pas la main contre l'enfant !» Eh bien gagnons du temps, laissons tomber tout ça et trouvons un moyen plus sympa de passer la journée… » Et en faisant cela, je n'aurais certes pas démontré que je crains Dieu, comme Abraham le craignait. J'aurais démontré que j'ai confiance en sa capacité d'amour. Et pour ce qui me concerne, je trouve ça bien mieux.

Le véritable amour tend à pardonner et à guérir. Il ne peut en aucun cas mener au sacrifice et à la destruction.

En observant avec honnêteté ce qui s'est passé dans ma vie, j'en arrive à un constat aussi douloureux que pénible à avouer : à chaque fois que j'ai cru bon de me sacrifier pour quelqu'un d'autre, j'ai toujours fini par le lui faire payer. Involontairement, bien sûr !

---

1. Genèse 22, 1-1 : Après ces événements, il arriva que Dieu éprouva Abraham et lui dit : « Abraham ! Abraham ! » Il répondit : « Me voici ! » Dieu dit : « Prends ton fils, ton unique, que tu chéris, Isaac, et va-t'en au pays de Moriyya et là tu l'offriras en holocauste sur une montagne que je t'indiquerai. » […] Abraham se leva tôt, sella son âne et prit avec lui deux de ses serviteurs et son fils Isaac. Quand ils furent arrivés à l'endroit que Dieu lui avait indiqué, Abraham y éleva l'autel et disposa le bois, puis il lia son fils Isaac et le mit sur l'autel, par-dessus le bois. Abraham étendit la main et saisit le couteau pour immoler son fils. Mais l'Ange de Yahvé l'appela du ciel et dit : « Abraham ! Abraham ! » Il répondit : « Me voici. » L'Ange dit : « N'étends pas la main contre l'enfant ! Ne lui fais aucun mal ! Je sais maintenant que tu crains Dieu : tu ne m'as pas refusé ton fils, ton unique. » Abraham leva les yeux et vit un bélier, qui s'était pris les cornes dans un buisson. Abraham alla prendre le bélier et l'offrit en holocauste à la place de son fils.

Mais le sacrifice nous coûte si cher que nous en présentons tôt ou tard la note, ne serait-ce qu'en nous plaignant de son prix. Et dans mon échelle de valeur personnelle, il n'y a pas grand-chose de plus détestable que de faire un don que l'on prétend immense, puis d'en réclamer le paiement un peu plus tard. Je préfère ne pas prendre le risque de me livrer encore une fois à une pratique aussi méprisable. J'ai donc banni le sacrifice de mes stratégies d'action et je lui fais activement la chasse dans chaque geste de ma vie.

Je ne peux aimer les autres si je ne sais même pas m'aimer moi-même. Je ne peux respecter les autres si je ne sais même pas me respecter moi-même. Si je me brade, si je me sacrifie, si je porte atteinte en quoi que ce soit à la créature de Dieu que je suis, je n'agis pas dans l'amour, j'insulte Dieu à travers sa création.

Il n'est absolument pas nécessaire de se sacrifier pour s'inscrire dans le don. Tout ce que je donne avec un véritable amour ne me coûte rien. Et si j'ai le sentiment que cela me coûte, je ne suis pas dans l'amour mais dans une transaction commerciale qui se déguise en amour. Autant en être conscient et la gérer comme telle : ce sera déjà un peu plus honnête.

Mais à travers cette digression, je sens que je suis en train de marcher sur les plates-bandes du professeur Foldingue ! Je vais donc en rester là pour revenir à mes réflexions sur la nostalgie.

Depuis que j'ai un peu avancé sur ce chemin de l'amour véritable, je me suis découvert la capacité toute neuve d'éprouver le sentiment à la fois doux et triste de la nostalgie. **Seuls certains souvenirs me font naître ce sent iment particulier.** Ils ont un point commun : pour ce qui les concerne, j'ai réussi à me pardonner ce que j'étais et ce que je faisais à ce moment-là. Je n'éprouve qu'amour et tendresse pour cette personne que j'étais et dont je me souviens.

Mais cette personne n'est plus... Et je ne sais pas encore, aujourd'hui, n'être que pardon et amour pour la personne que je suis devenu.

Tristesse...

Pardon, amour et tristesse, voilà ce qu'est la nostalgie pour moi.

Plus les souvenirs qui font naître de la nostalgie en moi se rapprochent de mon présent et plus je sais que je me rapproche de mon idéal d'amour véritable.

Mars

Vérifier ses peurs et ses croyances

« Tout ce qui n'est pas en train de naître est en train de mourir. »
Bob Dylan

Je vais tenter de rédiger ce chapitre, malgré ma peur de dire des âneries.

Je vais tenter de rédiger ce chapitre en disant des choses pertinentes.

Cette double formulation s'inspire d'une pensée de Lise Bourbeau : « Derrière chaque peur, se cache un désir non manifesté. »

Un désir qu'on ne parvient pas toujours à s'avouer à soi-même et qui faute de se voir respecté et reconnu, vit en nous comme un parasite, pompe notre énergie et nous remplit de frustrations.

Derrière toute peur, il y a un désir.

Cette pensée me permet de décoder de façon très simple, des choses qui me semblaient jusque-là inexplicables.

- *J'ai peur d'aller vers les autres ?* J'ai le désir d'aller vers les autres sans que cela soit une occasion de me voir blessé ou rejeté...
- *J'ai peur de rater mon examen ?* J'ai le désir de réussir mon examen, de me prouver quelque chose, de rassurer mes parents ou mon conjoint...
- *J'ai peur qu'elle me quitte ?* J'ai le désir qu'elle reste et qu'elle m'aime encore davantage...

Quand je suis aveuglé par une peur qui me bloque le chemin et me condamne à l'immobilisme, je peux chercher le désir qui se cache derrière : il m'encourage au mouvement et à l'action. **Découvrir le désir derrière la peur, permet de passer de l'état de victime à celui d'acteur de sa vie.**

Mais le chemin est parfois bien tortueux car il arrive que ma peur elle-même me soit inavouable. Me voilà alors bloqué dans mes actions par une force invisible, indécelable, que je ne sais comment combattre.

« Ne sois pas idiot, va voir le monsieur et demande-lui... » Mes peurs d'enfant n'ont pas toujours été accueillies. Pour faire bonne figure, j'ai sans doute tenté de les nier ou de les camoufler. Et ce dangereux mécanisme s'applique encore à de nombreuses peurs que je porte en moi.

Une peur invisible qui cache un désir inassouvi... Cet assemblage redoutable laisse malgré lui des traces bien visibles dans notre vie : **celles de la colère, de la tristesse et de la frustration**.

Je vais contourner ce gros paquet de difficultés pour le regarder par son flanc. Voici ce que j'observe :

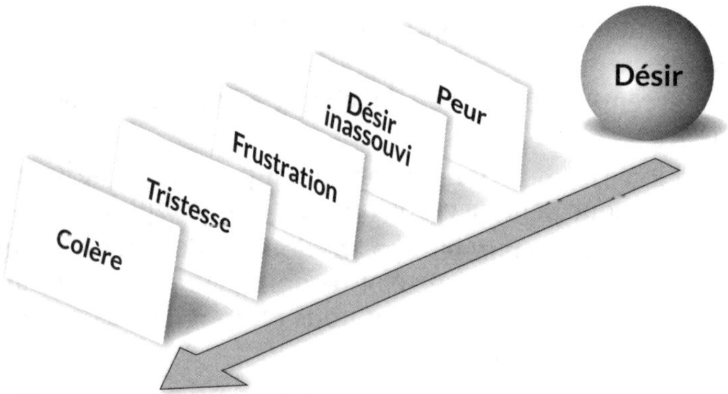

Il n'est pas toujours facile, lorsque nous sommes en fureur contre quelqu'un, de reconnaître que **l'essentiel de cette colère ne vient pas de la personne en question** mais d'une blessure, d'une peur, que nous portons au plus profond de nous depuis déjà bien longtemps. C'est pourtant ainsi que les choses se passent : une peur réprime un désir ou un besoin inassouvi depuis trop longtemps qui parcourt le cycle illustré ci-dessus : frustration, tristesse et colère...

Derrière toute colère, se cache une peur et derrière la peur, un désir... Il ne reste plus qu'à identifier et à exprimer ce désir pour que la vie reprenne son flux puissant, au lieu de se cristalliser dans la douleur ou de déboucher sur la violence.

Et l'expérience me montre que, dans la plupart des cas, mes désirs **peuvent** trouver une satisfaction, car la peur qui empêche cet heureux dénouement est illusoire et ne correspond à aucune réalité.

La plupart de nos peurs sont illusoires !

Je ne parle pas des peurs innées qui sont inscrites dans les tréfonds de notre cerveau primitif : nos peurs du chaud, du froid, de l'obscurité, de la foudre, du vide, des gros animaux… Celles-là n'occupent finalement qu'une place minuscule dans nos pensées quotidiennes.

La plupart des peurs qui paralysent nos vies sont **acquises**. Une expérience que l'on vit de façon douloureuse génère automatiquement, dans notre psychisme, une peur de la voir se reproduire. Plus précisément, notre cerveau tente de repérer la cause précise de cet événement et va associer cette cause à une peur. C'est là que sa puissance se révèle être une arme à double tranchant :

- Sa finesse d'analyse nous permet dans bien des cas de circonscrire nos peurs à des éléments précis : un homme m'a frappé. Je n'aurai pas, pour autant, peur de tous les hommes, je me méfierai simplement de ceux qui ont une attitude ou une apparence proche de la sienne.
- Sa capacité de symbolisation et d'abstraction peut associer des peurs à des notions extrêmement générales qui étendent un peu « trop » le champ concerné par la peur. C'est ainsi que naissent des phobies tout à fait surprenantes telles que la peur des chats (ailourophobie), la peur des clowns (coulrophobie), la peur de vomir (émétophobie), la peur de rougir en public (éreutophobie), etc.

Une deuxième raison très simple peut déboucher sur une peur illusoire : **nous changeons**. Ce qui pouvait nous nuire à une période donnée de notre existence ne représente peut-être plus le moindre danger pour nous aujourd'hui. Malgré cela, notre peur persiste et continue de nous fermer inutilement à des choix possibles.

Équipé d'un parachute en bon état et correctement formé à son utilisation, je ne cours aucun danger à me jeter dans le vide. Pourtant, la peur me submerge totalement au moment où je passe à l'action et il me faut mobiliser tout mon courage pour ne pas y renoncer.

L'inconvénient majeur du merveilleux système de protection que représente la peur, réside dans la fermeture qu'il nous impose face à la vie. **Chaque peur est un mur qui masque un champ de possibles et en interdit l'exploration.** Faute d'une attitude volontaire dans le nettoyage de nos peurs, nous risquons de finir prisonniers d'un espace minuscule. Mais j'espère, en disant cela, ne pas te rendre victime de la peur d'avoir peur (phobophobie), un état extrême de dérèglement de ce système.

La phobophobie est l'exemple caricatural de ce que j'appelle « une peur de deuxième niveau ».

La complexité de notre psychisme entraîne en effet de très nombreuses peurs et désirs de deuxième niveau. Voici un exemple :

Premier niveau :

- J'ai le désir d'être reconnu pour mes compétences et mon investissement professionnel. Cela me sécurisera de multiples façons.
- Mon éducation m'amène à croire que je ne peux être reconnu que si je suis absolument irréprochable (parfait) dans tout ce que je fais.
- J'ai donc la peur de faire des erreurs, ce qui m'empêche de prendre le moindre risque dans le cadre de mon travail.
- Mon supérieur me reproche mon manque d'initiatives. Il considère cela comme un grave défaut et bloque mon avancement, faisant passer devant moi des collègues plus jeunes, moins travailleurs et moins compétents que moi.
- J'en conçois de la frustration, de la tristesse et de la colère contre mon supérieur et contre mes collègues. Je reproche à mon supérieur de ne pas savoir reconnaître mes qualités et à mes collègues de prendre des risques stupides et inconsidérés.

Deuxième niveau :

- J'éprouve une telle colère contre mes collègues que je rêve chaque nuit que je leur fais du mal. Bien que j'en éprouve une grande honte, je crois que j'ai le désir de les faire disparaître. Dans le cadre de mon travail, j'ai parfois des accès de violence verbale.
- J'ai peur de cette violence que je sens monter en moi, peur que cela se termine par des actes incontrôlés et peur que mon supérieur me reproche de nuire à l'ambiance de travail et me licencie pour cette raison.

Ce vilain petit jeu n'est évidemment pas terminé : une peur de troisième niveau peut se greffer sur cet édifice, et ainsi de suite. J'appelle ce type de construction, « la spirale des peurs et des désirs ».

La spirale des peurs et des désirs

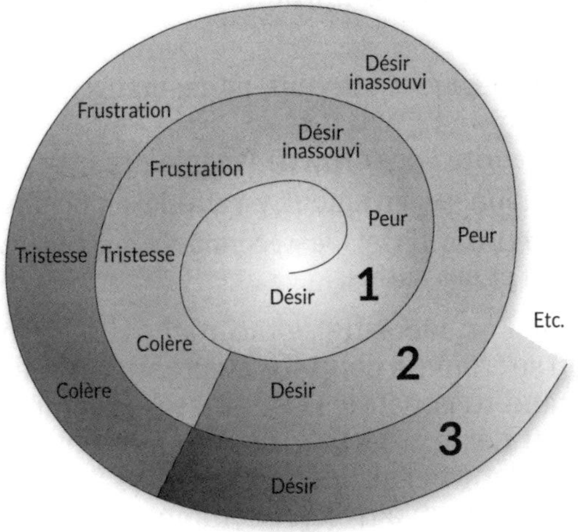

Les peurs des niveaux supérieurs sont particulièrement difficiles à soigner. Ma peur d'être licencié vient de mon désir de tuer mes collègues. Hum... Bon... Me voilà bien avancé ! Je ne peux pas résoudre ce problème en travaillant au deuxième ou au troisième niveaux. Il me faut remonter au premier niveau et intervenir sur ma peur de me tromper, pour démonter tout l'édifice.

Si le décodage est correctement fait, l'action qui permet de désamorcer les peurs et de résoudre les désirs en jeu est souvent d'une grande simplicité. Dans l'exemple que je propose, je peux par exemple décider de réfléchir à des actions plus audacieuses dans mon travail et de les soumettre de façon systématique à l'approbation de mon supérieur ou de mes collègues afin de me « couvrir » si l'une de ces actions donne un mauvais résultat. Une fois cette action simple mise en œuvre, je vais pouvoir constater que **toutes les difficultés qui en découlaient s'écroulent les unes après les autres comme un jeu de dominos**.

Toute la difficulté consiste à « remonter » assez haut dans cet enchaînement de cycles désir/peur/tristesse pour réussir à toucher un désir et une peur de premier niveau. Il existe heureusement un indice qui peut nous dire à coup sûr si nous avons repéré un désir de premier niveau ou non : **est-il raccroché à un besoin vital ?**

La liste des besoins vitaux correspond aux quatre premiers niveaux de la pyramide de Maslow (voir le chapitre « Gérer ses priorités ») :

- Besoins physiologiques : dormir, boire, manger, respirer, voir la lumière...
- Besoins de sécurité : du corps, de l'emploi, de la propriété.
- Besoins relationnels : en amour, en amitié, en famille.
- Besoin de valorisation et de reconnaissance, de confiance, de respect de soi et des autres.

Si le désir que l'on identifie se raccroche directement à l'un de ces besoins, on se trouve à coup sûr au premier niveau de la spirale de la peur. Quand tu constates que tu es prisonnier d'une spirale de la peur et du désir, il te faut donc remonter le long de cette spirale jusqu'à identifier un désir raccroché à un besoin vital. Il ne te reste plus alors, qu'à trouver comment mieux reconnaître et satisfaire ce désir.

L'approche de Lise Bourbeau

Lise Bourbeau classe les peurs infondées (peurs irréelles) en deux catégories[1] :

- Les peurs irréelles au niveau physique : peur d'un animal (chien, araignée, souris, etc.) alors qu'il n'y a aucune menace ; peur de l'eau, des orages, de l'obscurité, etc.
- Les peurs irréelles au niveau émotionnel et mental : peur du ridicule, peur de l'avenir, de manquer d'argent, peur de la maladie, de la mort, peur de se tromper, de l'échec...

Elle fait remarquer qu'à chaque fois que nous cédons à ces peurs, nous renforçons la croyance qui en est à l'origine. Car sa proposition de pensée est assez radicale : toute peur irréelle repose sur une fausse croyance issue de notre enfance. Et toute fausse croyance repose sur une « blessure », un traumatisme qui s'autoalimente et se répète depuis l'enfance jusqu'à... ce que nous y mettions fin ou que la vie y mette fin, d'une manière ou d'une autre.

Chaque peur est liée à une croyance.

Pour mieux identifier le désir que masquent cette peur et cette croyance, Lise Bourbeau propose de se poser la question : « Qu'est-

1. Ce classement est extrait du magazine VITAVIE-Bio-Info de mai 2008. L'article est consultable en ligne à l'adresse suivante : www.bio-info.be. Tu peux également bénéficier de la pensée de Lise Bourbeau sur ce sujet en commandant son CD intitulé « Comment abandonner une peur » en vente sur son site : www.lisebourbeau.com.

ce que cette peur m'empêche d'être ou de faire ? » ou encore « Que pourrait-il m'arriver de désagréable si je me permettais de... »

Elle affirme : À chaque fois que quelqu'un dit : « Cette peur m'empêche de... », cela signifie en fait : « J'ai le désir de... »

À sa manière, Lise Bourbeau rejoint mon hypothèse de la spirale de la peur et du désir en précisant que nous devons d'abord rechercher « ce qui nous empêche surtout d'être (et non d'avoir ou de faire) » car « c'est le signe d'un besoin de l'âme ». Il s'agit donc bien de rechercher ses besoins essentiels et non pas des besoins de second ordre.

En pratique, le simple fait d'identifier le désir et/ou le besoin qui se cachent derrière une peur, est parfois suffisant pour dénouer le problème auquel on est confronté. Sans doute trouvons-nous parfois le moyen d'exprimer nos désirs en « contournant » la peur qui les emprisonnait jusque-là.

Si cela ne fonctionne pas, il reste deux options possibles :

- Vaincre la peur en allant au-devant d'elle et en vérifiant par l'expérience si elle est fondée ou non.
- Vaincre la peur par le raisonnement.

Je laisse au professeur Foldingue le soin de s'intéresser à la deuxième option, si le cœur lui en dit. Pour ma part, je n'y crois pas trop. L'exercice que je te propose dans la partie « En pratique » vise plutôt à regarder certaines de tes peurs en face, et à voir si elles te résistent.

Mon travail sur mes peurs m'a permis :

- D'être plus joyeux, de m'apaiser, de profiter de nombreux plaisirs que je m'interdisais jusque-là.
- De m'ouvrir à de nouvelles options, à des façons plus simples et plus efficaces de faire les choses.
- De distinguer plus clairement ce qui appartient à mon imaginaire de ce qui appartient à la réalité.
- De me libérer de certains processus de manipulation que certains pouvaient exercer sur moi. De me libérer également de certains mécanismes de protection qui bloquaient mes initiatives ou ma pensée.
- De devenir plus autonome.

En pratique

Exercice 1 : Repartir à zéro

Qui n'a pas rêvé un jour, d'être un Robinson isolé sur son île déserte ? Loin des tracas du quotidien, loin de la pression que la société exerce sur nous, loin du système de devoirs dans lequel nous nous débattons...

C'est un peu l'exercice que je te propose dans ce chapitre.

La question que je t'invite à te poser est la suivante : **que se passerait-il si tu perdais la totalité de ce que tu possèdes aujourd'hui ?** Supposons par exemple que tu deviennes amnésique : tes capacités mentales et physiques sont inchangées, mais plus rien ne te relie à ton ancienne vie.

Comment crois-tu que tu te comporterais ? Tu peux y réfléchir très calmement : nous sommes comme au cinéma, rien de ce que tu vas imaginer ne se produira pour de vrai. Il ne s'agit bien sûr que d'une expérience de pensée. Essaye malgré tout de t'immerger profondément dans cette perspective et d'identifier les sentiments qui seraient les tiens.

Prends une feuille A4 que tu placeras dans le sens horizontal et que tu diviseras en quatre colonnes à l'aide de trois traits verticaux.

Dans la colonne de gauche, note tout ce que tu perdrais et qui te tient à cœur aujourd'hui.

Dans la deuxième colonne, note tout ce que cette situation te ferait gagner.

Avant de poursuivre cette lecture, je t'encourage à noter le plus de choses possible dans la deuxième colonne. Cette situation de dépouillement, cette mise à nu de ton existence te donnerait l'opportunité de repartir à zéro. Quelles seraient tes nouvelles ambitions ? Comment utiliserais-tu cette formidable opportunité de tout changer ? Lâche-toi ! Sois culotté ! Ose explorer tes désirs secrets ! Immerge-toi profondément dans cet imaginaire : suppose que cette situation s'est réellement produite. De ce point de vue, la deuxième colonne contient la liste de tes projets. Que vas-tu faire ?

À présent, en face de chacun des projets qui figurent dans la deuxième colonne, note dans la troisième, les désirs et besoins profonds que ces projets te permettraient de satisfaire. Si tu ne sais pas trop quoi y inscrire, reporte-toi aux besoins de Maslow que je détaille dans le chapitre « Gérer ses priorités ».

La première colonne t'a permis de faire un point sur ce que tu as vraiment peur de perdre. Je te propose à présent, la grille de lecture suivante pour la deuxième colonne : elle contient tout ce que tu as peur de faire dans ta vie. Mais pourquoi en as-tu peur ? Qu'est-ce qui te retient ?

Dans la quatrième colonne, note en face de chaque projet, la peur qui t'empêche de le réaliser ici et maintenant, dans ton existence actuelle.

Tu estimes peut-être que certains de tes projets sont tout bonnement irréalisables et que tes peurs n'ont rien à voir là-dedans. Je t'invite à voir les choses autrement : **à cœur vaillant, rien d'impossible**. Seules tes peurs t'empêchent de te réaliser totalement. Essaye de les débusquer derrière ce qui te semble « impossible ».

Met en rapport chacune de ces peurs avec ce qu'elles te font perdre, ce qu'elles t'ont empêché et t'empêchent encore de devenir. Lesquelles de ces peurs peuvent être contournées ? Lesquelles peuvent être surmontées ? Lesquelles sont encore réelles dans ton existence actuelle ?

N'y a-t-il réellement aucun moyen d'obtenir ce que tu désires malgré ces peurs ?

À qui pourrais-tu demander de l'aide pour vaincre ce qui t'empêche de vivre tes désirs et tes besoins ?

Exercice 2 : J'ai peur pour la planète

Prends une feuille A4 que tu placeras à l'horizontal et que tu diviseras en trois colonnes.

Dans la colonne de gauche, note toutes les peurs que tu éprouves au sujet de notre planète et de notre époque.

Conflits, crise économique, catastrophes naturelles ou écologiques, crise énergétique... choisis ce qui te semble juste dans cette liste et ajoutes-y tout ce que tu ressens personnellement comme un danger potentiel pour notre planète. Complète cette liste avec les dangers qui te semblent concerner notre pays... puis ceux qui menacent ton quartier... Réfléchis également à ce qui pourrait nuire à ton entreprise ou à ton service, aux associations auxquelles tu participes, à ta famille...

En face de chacun de ces dangers, note dans la deuxième colonne la conséquence de ce danger : qu'empêche-t-il ? Quel développement bloque-t-il ? Prenons par exemple, les conflits qui secouent le monde. Qu'est-ce que ces conflits empêchent ? Comment serait le monde sans eux ? Procède ainsi pour chacun des points de gauche.

Je te propose à présent la grille de lecture suivante pour tout ce que tu as déjà noté : en raison de l'effet miroir qui existe pour chacun d'entre nous, **tout ce que tu as dit sur le monde, te concerne directement**. Tu croyais que tu parlais du monde ? Peut-être qu'en réalité, tu parlais de toi !

Si tu reprends ta liste en considérant que tu as parlé des dangers que tu cours toi-même, des peurs que tu vis pour toi-même, chaque jour, qu'en déduis-tu ? Si tu considères que la deuxième colonne contient la liste de tes désirs profonds, qu'en déduis-tu ? Note ces résultats dans la troisième colonne.

Le point de vue du professeur Foldingue

La peur de la mort est sans doute celle que l'humanité partage avec le plus d'enthousiasme – si j'ose dire.

À la suite de plusieurs autres grands philosophes, Arnaud Desjardins[1] affirme que nous nous leurrons à ce sujet : ce n'est pas de la Mort dont nous avons peur, mais de la Vie que nous avons peur de vivre pleinement. Cela expliquerait peut-être pourquoi, alors que nous sommes TOUS susceptibles de trembler à la perspective de notre fin, certains choisissent d'y aller en courant à travers le suicide.

Quel paradoxe totalement incroyable que cet être humain, aboutissement de près de quatre milliards d'années d'évolution, petit bijou de technologie organique, produit de la Vie, **dont toutes les stratégies visent à la préservation de l'espèce et des individus** ; l'être humain décide parfois, pour un ensemble de raisons abstraites, de mettre fin au jeu, de mettre fin au je.

Au-delà du drame absolu que vivent les auteurs d'un tel geste, et de celui qu'ils font vivre à leur entourage, il nous faut convenir que l'existence même de ce choix, la possibilité que la Vie nous offre, d'aller à l'exact opposé de ce qu'elle nous propose, est une sorte de miracle.

Est-il possible d'aller plus loin dans le don total, que de dire : « Je remets mon existence entre tes mains. » C'est très précisément ce que fait la Vie qui nous anime, en nous offrant ce choix ultime : elle remet son existence entre nos mains.

Et à leur façon extrême et paradoxale, les auteurs d'un suicide nous font une démonstration qui porte un espoir fantastique : si nous pouvons vaincre et dépasser jusqu'à la peur de la Mort, n'est-ce pas la preuve qu'**aucune peur ne saurait nous résister** ?

Je soumets cette question à ta réflexion, ami lecteur : existe-t-il une seule peur qui soit plus puissante, qui réunisse autour d'elle plus de sens, plus de symboles, plus de spiritualité et finalement plus de conséquences que la peur de la Mort ? Et si nous pouvons surmonter cette peur-là, laquelle peut nous résister ?

La possibilité du suicide démontre à son étrange façon que **quelle que soit l'importance que tu lui accordes, aucune peur n'est aussi grande que toi.**

1. Par exemple dans son livre *L'audace de vivre*.

Pourquoi en doutons-nous parfois ? Sans doute parce que **nos peurs exercent sur nous un étrange pouvoir hypnotique**, qui semble paralyser notre système de défense et nos capacités de réflexion. Tu as peut-être fait toi-même, ou du moins entendu parler, de ce cauchemar très commun dans lequel on se trouve empêché de courir, empêtré dans de la boue ou de l'eau, ou simplement paralysé, alors qu'un terrible danger nous menace et fond sur nous.

La légende du serpent qui hypnotise sa proie et la maintient sous son pouvoir avant de la dévorer, illustre cette idée, tout comme celle de Dracula qui séduit ses victimes et les amène à consentir au terrible destin qu'il leur offre, annihilant toute forme de résistance et toute volonté propre.

Oui, la peur nous hypnotise parfois et peut même exercer une sorte d'attraction qui nous précipite vers ce que nous craignons le plus. Étrange vertige que celui qui est censé nous protéger et qui nous fait basculer dans le vide ! Voilà pourquoi nous devons montrer une prudence toute particulière à l'égard de nos peurs, une vigilance comparable à celle que nous éprouvons vis-à-vis d'un animal dangereux. Les peurs vivent en nous. Elles ne sont pas des objets inertes qu'il nous suffirait de bousculer pour retrouver notre force de vie. Elles nous parasitent, **se nourrissent de notre énergie**, de notre volonté et peuvent nous réduire à leur merci si nous n'y prenons pas garde.

Ceux qui ont déjà monté un cheval en forêt ou sur un terrain accidenté peuvent témoigner de cet étrange phénomène : si le cavalier reste le regard braqué vers la branche ou le ravin à éviter, il voit son cheval emprunter irrémédiablement cette direction. Aux imperceptibles signaux que nous lui envoyons, le cheval a pris l'habitude de s'orienter selon notre regard. Pour éviter la branche ou le ravin, il nous faut regarder ailleurs, vers là où nous souhaitons vraiment aller.

Notre inconscient fonctionne sur un principe si proche, que la même chose se produit en deux-roues ou même en voiture : à force de trop nous focaliser sur le caillou à éviter, nous finissons par le heurter.

C'est ainsi qu'une peur maladive de voir notre conjoint nous quitter pour un(e) autre, peut provoquer une jalousie si violente, qu'elle entraînera la rupture ou la trahison que l'on craignait si fort.

J'ai vu au cours de mon existence des exemples innombrables de ce type. À chaque fois, la personne victime d'une peur dévorante finissait par provoquer l'objet de sa peur, comme pour en finir, **comme si la peur devenait plus insupportable que son objet**.

Aucune peur, pourtant, n'a d'existence réelle. Elle n'a que la force et la vie que nous lui prêtons. Nous pouvons, à chaque instant, la vider de sa substance, reprendre ce qui nous appartient et la laisser s'effondrer comme une défroque vide. La seule condition pour utiliser ce pouvoir est d'avoir la pleine conscience de son existence.

Les peurs se construisent et se renforcent en utilisant notre imagination. Le monde dans lequel elles évoluent est une part du monde magique que nous portons en nous. Les lois de la réalité et de la raison n'ont pas de pouvoir dans ce monde-là. C'est pourquoi il est si difficile de vaincre nos peurs par des arguments, aussi solides soient-ils. As-tu déjà essayé de convaincre une personne victime de phobie que les araignées ne présentent pas de réel danger ou que l'avion est le moyen de transport le plus sûr au monde ? Rien n'y fait ! **Il ne s'agit pas de *comprendre*, il s'agit de *croire*.** Il ne s'agit pas d'être convaincu, il s'agit d'être converti.

Ce qui évolue dans notre monde magique n'obéit qu'aux lois du monde magique. C'est pourquoi, dans l'équivalent des légendes, le vampire ne peut être brûlé que par la lumière du soleil (le pouvoir de Dieu) ou l'eau bénite (le pouvoir de la foi). Magie noire contre magie blanche, c'est ainsi que les choses fonctionnent.

Les contes et légendes existent pour nous proposer des personnages imaginaires capables de vaincre nos peurs imaginaires. Rien ne nous interdit de nous approprier ces personnages et de leur aménager une place dans notre monde imaginaire. Plus magique encore : rien ne nous interdit d'inventer nos propres personnages, de les nourrir et de les encourager, afin qu'ils combattent en notre nom, dans notre monde magique. Investis de notre volonté, ils peuvent user du pouvoir potentiellement illimité que propose cet univers. Plus nous croyons en eux et en leur pouvoir, plus ils ont de pouvoir.

Comme tu peux t'en douter, en tant que scientifique fou, je possède une superbe brochette de personnages imaginaires dans mon monde magique. Pour les y inviter, je dois retrouver mon âme d'enfant, me rappeler ce que dit Peter Pan : que les fées ne peuvent exister que tant que nous y croyons et qu'elles tombent malades lorsque nous doutons d'elles. Je nourris généreusement mes personnages imaginaires, les faisant vivre pendant ce moment si particulier où le sommeil est sur le point de me gagner, où je suis à la fois éveillé et endormi. J'ai des discussions passionnantes avec Archimède dont l'esprit inventif ne cesse de m'étonner, et avec ce bon vieux Hulk dont la candeur rafraîchissante m'attendrit beaucoup. Je dois également avouer un faible un peu coupable pour la fée Mélusine, qui me fait parfois l'honneur de se vêtir de tenues tout à fait surprenantes pour une fée.

Quand je sombre pour de bon dans les bras soyeux de Morphée, mes amis du monde imaginaire pourchassent sans relâche les peurs qui se cachent dans les bois sombres de mon univers intérieur. Et je me réveille chaque matin à nouveau libre d'explorer le vrai monde, celui dans lequel la magie n'a plus droit de cité.

Le cas d'école qui colle

La peur du lion géant

La peur la plus ancienne que je me souviens avoir dû affronter, est celle du lion géant.

J'avais sans doute entre cinq et six ans et je n'ai pas la moindre idée aujourd'hui de ce que cette peur pouvait symboliser pour moi, ni d'où m'est venue cette image de lion terrifiant, à la gueule baveuse et au poil brun-gris, taché de boue.

De toute façon, ce lion semblait bien se moquer de ses origines. La seule chose qui l'intéressait était de me pourchasser presque chaque nuit, dans des rues, dans des forêts, dans ma maison même…

L'histoire était toujours la même : je courais à perdre haleine, mais il était bien plus rapide que moi. Je sentais son souffle et le bruit de sa course se rapprocher inexorablement. Et puis il ouvrait sa gueule et je me réveillais le cœur battant, la tête en feu, terrorisé au point d'en être couvert de sueur.

La répétition de ce cauchemar devenait insupportable. J'en parlais à mon frère aîné qui me fit une suggestion pleine de bon sens : « Tout ça n'est qu'un rêve. Même si ton lion arrive à te manger, tu t'en fiches, tu ne meurs pas pour de bon. Arrête de courir et laisse-toi faire. »

Je me souviens parfaitement de la nuit où, grâce à ce conseil, j'ai vaincu le lion géant. Nous étions dans une rue un peu sombre. J'ai commencé par fuir, comme d'habitude. Puis j'ai trouvé l'entrée d'une cave de pierre qui donnait sur la rue, comme un soupirail. Je me suis faufilé par cette entrée et je me suis plaqué contre le mur de la cave en essayant de calmer ma respiration, de ne pas faire de bruit. Mais le lion savait où me trouver. Il a franchi tranquillement l'entrée de la cave, sûr de me coincer dans mon repère. C'est alors que le conseil de mon frère m'est revenu à l'esprit. J'étais face au lion. Pour la première fois, je ne courais pas, je le fixais droit dans les yeux. Il marqua une légère hésitation, étonné par cette modification du scénario, puis reprit sa lente avancée vers moi. Au moment où il ouvrit la gueule, au lieu de me réveiller en pleine crise de panique comme je le faisais d'habitude, je fis un pas en avant et je me jetais volontairement dans cette promesse d'enfer. Il y faisait frais et très noir. C'est tout ce que j'en sais car je me réveillais aussitôt avec un formidable sentiment de triomphe. Mon cœur palpitait encore car l'épreuve avait été terriblement éprouvante, mais je savais que j'avais gagné : le lion géant ne me ferait plus jamais peur.

Je l'ai recroisé quelques nuits plus tard. Il était assez loin de moi et me regardait sans bouger, semblant hésiter sur l'attitude à prendre. Je lui ai tiré la langue d'un air moqueur. Il a fait demi-tour et s'est éloigné du pas indolent que les lions, imaginaires ou non, affectionnent.

La peur de la punition

Alors que j'avais dix ans et mon frère aîné près de douze, nous avions l'habitude, de partir en exploration dans la colline de notre lotissement. Nous habitions une zone qui était encore relativement déserte et sauvage à cette époque. Les rares voisins qui partageaient avec nous cette vie particulière, étaient un peu comme les membres d'une tribu éclatée : à la fois proches et lointains. Nous leur rendions souvent visite, histoire de meubler les week-ends interminables de notre brousse isolée.

Nous vivions là depuis plus de deux ans, mais la zone venait à peine d'être rendue à peu près habitable. Le lotissement était encore desservi par une piste en terre battue dont la poussière se répandait jusque dans nos chambres. L'électricité et l'eau courante venaient tout juste d'être installées, nous libérant enfin du groupe électrogène et des douches froides sous l'eau de la citerne. Nous n'avions pas encore le téléphone. Pour ne pas trop inquiéter nos parents, il nous était donc absolument impératif de rentrer avant la tombée de la nuit. Les ordres à ce sujet étaient stricts, et la sanction potentielle d'autant plus inquiétante qu'elle n'était pas clairement précisée. À chacune de nos sorties, nous devions renouveler la promesse solennelle de respecter cette règle.

L'après-midi touchait à sa fin, laissant enfin redescendre la chaleur moite qui imprègne nos journées d'été insulaire. Je fis remarquer à mon frère qu'il était grand temps de prendre le chemin du retour si nous voulions éviter de rompre notre serment. Mais la jeune voisine à laquelle nous étions venus rendre visite, accaparait toute son attention et j'eus bien du mal à le persuader de partir.

Lorsqu'après une course folle à travers les faux mimosas, nous sommes arrivés devant notre maison, la nuit venait tout juste de tomber. On distinguait encore quelques contours et reliefs, mais il était clair que nous avions dépassé la limite autorisée. Nous nous sommes accroupis tous les deux, devant les fenêtres qui s'éclairaient une à une. Je me sentais coupable et effrayé à la perspective de l'accueil qui nous attendait. Je ne savais pas trop ce que ressentait mon frère, mais nous restions là, tous les deux, à attendre le dénouement impossible de cette situation.

— C'est ta faute, lui dis-je. Je t'ai dit qu'il fallait partir et qu'on allait être en retard.

— Et alors ? me répondit-il à ma grande stupéfaction. Qu'est-ce qu'il y a de si grave ?

— Papa et Maman vont être fâchés, ils vont nous gronder.

— Et alors ? Moi, je m'en fiche qu'ils me grondent.

Je n'en revenais pas ! « Je m'en fiche qu'ils me grondent. » Voilà une pensée que je n'aurais jamais cru possible. Ainsi donc, on pouvait faire le choix de la rébellion ? Nous pouvions décider de nous asseoir sur notre peur de la punition et affronter nos parents le regard fier ? Incroyable !

Les faits me prouvèrent qu'il avait raison. Passée une bonne engueulade dans les règles de l'art, la vie reprit son cours et nous repartîmes le week-end suivant en escapade.

Si cet épisode est resté gravé avec une telle netteté dans ma mémoire, c'est qu'il fit partie des premiers à me prouver la puissance illimitée de la volonté face à la peur. J'avais vaincu le lion géant au cours d'un rêve. Cette fois-ci, c'est de façon parfaitement consciente, dans la vie réelle, que mon frère m'avait encouragé à affronter ma peur.

Je lui en garde une immense reconnaissance.

Le cavalier noir

Entre l'âge de quatorze ans et celui de trente-cinq ans, il ne m'est pas arrivé une seule fois d'exprimer ma colère contre quelqu'un. Quoi qu'il ait pu se produire, mes yeux n'ont jamais rougi, mes poings ne se sont jamais serrés, ma façon de m'exprimer n'a jamais glissé vers l'usage de mots grossiers ou cassants.

Ne va pas croire pour autant que je n'avais pas de colère au fond de moi. Elle bouillonnait bien souvent, au contraire. Mais j'avais retenu de mon éducation l'idée que la colère était insupportable aux autres, qu'il était du plus parfait mauvais goût de la leur imposer, et qu'il existait toujours une autre voie pour exprimer ce que l'on avait à dire.

Coincé dans cette croyance, je suis devenu assez expert dans l'art d'exprimer mes désaccords en douceur. On disait de moi, et on le dit parfois encore, que je suis quelqu'un de gentil, quelqu'un de souple et de diplomate.

Mais la vie, comme tu l'as peut-être déjà remarqué, ne manque jamais d'appuyer là où ça fait un peu mal, là où il nous reste quelque chose à comprendre et à régler. Elle s'est donc ingéniée à me proposer des situations conflictuelles de plus en plus nombreuses et de plus en plus fortes, jusqu'à dépasser ma capacité à contenir et à réguler ma colère. Littéralement fou de rage, mais toujours bloqué dans ma capacité à l'exprimer, je retournais cette colère sur moi-même, jusqu'à réduire mon système digestif à l'état de sac d'acide pur.

Pendant toute cette période, j'aimais beaucoup raconter l'histoire du cavalier noir[1] et je sentais bien que cette histoire comportait un message important pour moi. Lors de mon premier stage de coaching[2], j'ai brutalement pris conscience qu'il me fallait accepter l'idée de la destruction, qu'il faut parfois raser une maison trop endommagée pour pouvoir reconstruire une maison neuve au même emplacement, que la perte et le conflit sont des choses qu'on ne peut pas éviter indéfiniment.

J'étais en réalité terrorisé par ma violence intérieure. Ce qui me fascinait dans le personnage du cavalier noir était qu'il se donne le droit d'exprimer sa violence au mépris de toutes les règles.

Je comprenais qu'il me fallait développer cette faculté pour moi-même, mais je ne voyais absolument pas comment procéder.

J'insiste sur le concept précis qui était monté à ma conscience : mon besoin n'était pas tant d'*exprimer* ma violence interne, mais simplement de m'en *donner le droit*. Faute de savoir comment faire, je décidais de faire du cavalier noir mon compagnon imaginaire

---

1. Une maîtresse d'école explique à ses élèves le principe de la *morale*. Elle leur demande ensuite d'inventer une histoire comportant une morale, afin de vérifier s'ils en ont bien compris le principe. Chacun y va de sa petite bleuette, mais quand arrive le tour de Toto, la maîtresse craint le pire. Voici l'histoire qu'il raconte : « C'est le cavalier noir qui arrive dans la rue principale de Dream City. Y'a un chien qui traverse la rue et son cheval y se cabre comme le cheval de Zorro. Le cavalier noir, il est pas content. Il sort son pistolet et il tue le chien. Après ça, y'a John Calaghan qui sort du saloon et qui se met à lui crier dessus : 'Hey, cavalier noir ! T'es un voleur ! Tu ne m'as pas payé mon cheval !'

Le cavalier noir il est pas content. Il sort son pistolet et il tue John Calaghan.

– Très bien, dit la maîtresse, quelle est la morale ?

– Attends madame, répond Toto, c'est pas fini ! Après ça, y'a la petite Jenny MacGoyer qui sort du bordel en pleurant et qui se jette sur le cheval du cavalier noir et qui dit en criant et en pleurant : 'Cavalier noir, tu m'as trahie, tu m'as violée et tu as dis que tu allais me marier et puis tu m'as pas mariée !'

Le cavalier noir il est pas content. Il sort son pistolet et il tue Jenny MacGoyer.

– Ça suffit Toto, dit la maîtresse, cette histoire est horrible ! À présent je veux que tu me dises quelle est sa morale.

– La morale de cette histoire, madame, c'est qu'il faut pas faire chier le cavalier noir ! »

2. Avec Gilles Guyon, fondateur de l'école « LUNION FORMATION ».

permanent, afin de profiter de sa compétence quand cela me serait nécessaire. Je le plaçais à ma droite et légèrement en retrait, à environ un mètre de moi.

À l'heure où j'écris ces lignes, le cavalier noir est toujours avec moi. Jusqu'à ce jour, il n'a jamais eu besoin de dégainer ses colts, mais sa présence rassurante auprès de moi me permet d'être beaucoup plus ferme dans mes positionnements vis-à-vis des autres. Il m'arrive même assez facilement d'élever le ton lorsque j'en ressens le besoin (et j'en suis très fier !).

Les conflits auxquels je devais faire face autrefois ont disparu comme par enchantement. En vérité, il s'agit bien d'un enchantement, puisque le cavalier noir est un personnage imaginaire et appartient par conséquent au domaine de la magie. J'ai clairement compris, à présent, que ce personnage n'a pas pour vocation à combattre ce qui est dans le monde réel. Sa fonction est de combattre ma peur de la colère et de la violence, ma peur du conflit. Mais l'idée de l'imaginer à mes côtés en permanence, chaque minute de chaque jour, m'a permis de lui donner une épaisseur et une densité exceptionnelle dans mon monde imaginaire. Ma peur était immense, il me fallait un guerrier de grande envergure pour lui résister et parvenir à la vaincre.

La présence du cavalier noir a eu pour moi des bénéfices immédiats. Mais plus le temps passe et plus je constate qu'il continue à agir dans les profondeurs de mon psychisme. Je constate que ma peur était une pieuvre aux tentacules très longs et très étendus, qu'elle me paralysait dans des domaines bien plus variés que je n'aurais pu le croire.

Il est fort possible que je le garde à mes côtés jusqu'à la fin de mes jours. Mais il n'est plus tout seul ! Depuis quelque temps, un personnage que j'appelle « le fou du roi » est venu le rejoindre. Ce nouveau compagnon a pour mission de combattre ma peur de l'incohérence et du déraisonnable.

Si ça continue comme ça, il me faudra bientôt un autobus imaginaire pour transporter tous les personnages imaginaires qui m'accompagneront !

Nous ouvrir et danser avec la vie

« Danser, c'est lutter contre tout ce qui retient, tout ce qui enfonce, tout ce qui pèse et alourdit, c'est découvrir avec son corps l'essence, l'âme de la vie, c'est entrer en contact physique avec la liberté. »

Roger Garaudy

Il m'arrive souvent de poser une question un peu naïve aux gens que je rencontre pour la première fois : si tu croises un bon génie dans l'heure qui vient et qu'il te propose de réaliser un vœu, un seul, quel qu'il soit, que lui demanderas-tu ?

Cette question amène généralement une réponse en rapport avec la réussite personnelle. Qu'il s'agisse de performances physiques ou artistiques, de travail ou de rapport aux autres, la plupart des personnes que j'ai interrogées semblent compter sur ce bon génie imaginaire pour leur permettre de réussir là où elles ont jusqu'à présent échoué dans leur vie.

Je te pose la question, ami lecteur : que demanderas-tu à ce bon génie ? Avant que tu ne répondes, je te glisse l'idée que nous croisons chaque jour des gens ou des situations qui sont capables de réaliser nombre de nos vœux et que nous oublions hélas, la plupart du temps, de formuler nos demandes. (Mais je reviendrai sur ce point dans le chapitre « Formuler nos demandes ».)

Pour ma part, je lui demanderais tout simplement de vivre parfaitement heureux. Tant pis si mon bon génie, ne me connaissant pas et ne sachant pas ce qui pourrait me rendre « parfaitement heureux », se retrouve embêté devant cette formulation. Après tout, c'est un génie ! Si je ne lui fais pas confiance, à qui ferais-je confiance pour découvrir mon graal ?

J'essaye d'adopter cette attitude dans chacun des aspects de ma vie. Il m'est arrivé autrefois d'avancer droit devant moi, sûr de mes objectifs et des moyens que je mettais en œuvre pour les atteindre et de constater bien plus tard, que mes œillères m'avaient fait rater un nombre incroyable d'opportunités.

À force de vouloir contrôler nos existences, de ne rien devoir à personne et de nous prouver ce que nous valons, nous risquons de refuser les nombreux cadeaux que la vie nous offre et de priver autrui du plaisir de donner. Vois-tu, comme moi à présent, à quel point cette attitude est absurde ? On nous apporte de l'aide et de l'amour sur un plateau et nous refusons d'y goûter !

Mais revenons à notre génie et voyons ce qu'on m'a proposé comme vœu : trouver l'homme ou la femme de ma vie, obtenir une promotion, gagner enfin de l'argent, avoir confiance en moi, régler mes problèmes de poids, instaurer la paix dans le monde... Chacun semble si sûr de connaître sa recette du bonheur qu'il n'hésite pas à en demander les ingrédients plutôt que le plat fumant et prêt à déguster.

Je n'ai rien contre les projets, ni contre la volonté ou l'engagement personnel. La passivité totale n'est certainement pas le meilleur moyen de boire la vie et d'en retirer toute la joie qu'elle nous propose. Mais la rigidité représente, elle aussi, un piège fatal qui nous empêche trop souvent d'alimenter nos besoins réels et profonds. La voie du milieu que je te propose, consiste à te préoccuper seulement de ce qui est proche de tes besoins réels, sans te soucier inutilement du reste. Cela suppose bien souvent d'abandonner une part de notre ego, d'accepter l'aide, les conseils et parfois l'argent d'autrui, de faire preuve de souplesse, de partager ses réussites avec d'autres, d'abandonner ses préjugés... Vaste programme, n'est-ce pas ?

J'ai la conviction que ce que nous croyons perdre au passage : la fierté d'avoir conçu une stratégie gagnante, la joie d'avoir surmonté seul nos limites, de ne rien devoir à personne et au final, le respect et l'admiration de tous face à nos compétences et à notre ténacité, nous le retrouvons au centuple dans le résultat obtenu : on nous admirera pour notre « chance », pour notre capacité à saisir les opportunités et par-dessus tout pour notre capacité à réussir. Car il me semble indiscutable que la réussite est plus rapide et plus facile lorsque l'on travaille dans la souplesse et que l'on abandonne le désir de ne « rien devoir à la chance » ou de ne rien devoir aux autres.

Mais je vois bien le jugement que ce joli discours peut se voir attirer : être opportuniste, c'est profiter des autres, c'est manquer de principes. Je pense pour ma part que l'opportunisme peut aussi permettre d'accueillir ce que les autres ont à nous offrir et permet de défendre ses principes à un niveau supérieur. Tout dépend évidemment de l'esprit dans lequel on avance.

Pour ma part, j'essaye de « danser avec la vie ». Danser, c'est être capable de diriger le mouvement, mais c'est aussi savoir le proposer (et non l'imposer) à l'autre, être capable de s'abandonner, être autant dans l'écoute que dans la proposition. La pesanteur, le vent, le temps qui ne coule que dans un sens, la pluie et le beau temps, le corps dont les lois de la génétique nous ont dotés, tout cela compose la musique de notre vie. À nous de savoir écouter cette musique, quand bien même nous dansons seuls.

En m'ouvrant et en dansant avec la vie, j'ai obtenu les avantages suivants :

- Je me suis mis à suivre le courant au lieu de lutter contre et cela m'a mené beaucoup plus loin sans que je ne m'épuise. Le succès me permet de me réaliser alors que la souffrance m'amène à me renier.
- Je me suis concentré sur ce qui est essentiel pour moi au lieu de me perdre dans des détails secondaires.
- J'ai réalisé de grands projets en y associant d'autres personnes. Ma joie vient désormais davantage de mes partages que de mes succès.
- Chaque succès m'ouvre davantage et prépare le suivant.

En pratique

- Si tu as le sentiment que la vie ne te donne pas ta chance, peut-être ne sais-tu pas voir les opportunités lorsqu'elles se présentent. Dis oui à la vie, dis oui à tout ce qu'on te propose et qui ne heurte pas ta moralité. À chaque fois que tu vas dire non, demande-toi sur quoi se base ce refus, si c'est ton cœur qui s'exprime ou si c'est un préjugé dont tu peux te débarrasser.
- Abandonne l'idée que ton identité repose sur tes principes ou tes croyances. La plupart de tes croyances t'ont été imposées durant ton enfance ou par la culture dans laquelle tu vis. Ton identité existe indépendamment et au-delà de tout ça. Elle émergera avec force de ce nettoyage.
- À chaque fois que tu rencontreras une difficulté ou que tu penseras être en situation d'échec, cherche l'opportunité qui se cache derrière. Toutes les grandes réussites se sont construites sur des échecs qui ont été transformés. La majorité des grands entrepreneurs ont connu des faillites avant de connaître la réussite. L'échec est un formidable moyen d'apprendre et de comprendre. Ce n'est pas une raison pour courir après ! Mais c'est en sachant l'accueillir humblement et joyeusement, qu'on lui évite de se reproduire.
- Fixe-toi des objectifs faciles à atteindre. Danser avec la vie, c'est d'abord danser avec ce que tu es aujourd'hui, avec tes compétences actuelles. Ne te demande pas l'impossible. Il est plus agréable de vivre des petits succès qu'un grand échec. Chaque petit succès te donnera de la force et l'envie d'aller plus loin.

L'exercice que je te propose réside sur deux idées simples :

- Le succès nous nourrit et nous galvanise.
- Nous n'avons pas besoin de grands succès. Seul notre ego en a besoin et il ne représente qu'une faible part de nous-même.

Pose sur une feuille A4 les principaux projets qui sont les tiens en ce moment. Tu peux explorer les domaines professionnels, amoureux, sportifs, artistiques, spirituels... ou tout autre qui te vient à l'esprit.

Décompose ces projets en étapes aussi nombreuses et détaillées que possibles.

À présent, essaye de déterminer :

- Si tu ne peux pas (au moins dans un premier temps) réduire l'ampleur de tes projets en les arrêtant à l'une des étapes intermédiaires ; cela te laissera la possibilité de réorienter ton projet final quand tu auras atteint cette première étape. Cela te permettra également d'éprouver un sentiment de réussite sans attendre que la totalité de ton projet soit réalisée.

- Si tu ne peux pas déléguer une ou plusieurs étapes et partager ton succès avec quelqu'un d'autre.

Le point de vue du professeur Foldingue

Quelle réussite plus flagrante que celle qui aboutit à la création d'un mouvement de masse ? Quelle position plus enviée que celle du leader, admiré par ses fans ? Si cette aventure te tente, je t'invite à visionner le speach de Derek Sivers intitulée « Comment créer un mouvement » (www.ted.com).

Derek y commente une vidéo montrant un original qui se met à danser sur une pelouse. Une minute plus tard, un premier « suiveur » décide de le rejoindre. Les deux garçons dansent un moment ensemble et finissent par convaincre trois de leurs copains de les rejoindre. Deux minutes plus tard, plusieurs centaines de personnes dansent sur la pelouse.

À partir de cet exemple réjouissant, Derek établit les deux règles essentielles qui permettent de créer un mouvement :

- Ne pas avoir peur de se ridiculiser en sortant du lot.
- Accueillir le premier « suiveur » avec chaleur et enthousiasme. Ne pas vouloir garder la réussite pour soi.

Il fait remarquer avec beaucoup de pertinence que le premier suiveur est celui qui transforme un marginal lambda en leader de mouvement et que rien ne pourrait exister sans lui. À la fin de son speach, Derek nous invite à avoir le courage, nous aussi, d'emboîter le pas aux marginaux qui ont du génie et qui croisent parfois notre chemin. Le premier suiveur est en vérité, celui qui crée le mouvement.

Du côté du leader, accueillir le premier suiveur n'est pas une démarche facile. Elle implique de savoir partager son idée et d'en lâcher – au moins en partie – le contrôle. Au moment où le premier suiveur rejoint le leader potentiel, il lui pose une question implicite : « Que veux-tu faire de ton idée ? » Si ce dernier accepte de l'accueillir avec chaleur, il lui répond qu'il est prêt au partage et au rôle de leader. S'il le regarde avec défiance, il lui répond qu'il veut rester seul et n'est pas prêt à devenir leader.

Former un couple, un groupe d'amis, une société ou une association, un groupe de musique ou toute autre forme de projet qui dépasse le cadre d'une personne seule, demande de bien comprendre ces règles de base.

Et l'union ne fait pas seulement la force. Elle génère aussi beaucoup de joie !

Le cas d'école qui colle

Mon ami Bernard Berger est un auteur de bandes dessinées qui a rencontré un succès considérable sur notre petite île de Nouvelle-Calédonie. À ses heures perdues, il s'adonne également à la peinture avec un talent qui fait toute mon admiration. Artiste accompli, Bernard est aussi un homme d'action, menant toujours plusieurs projets de front et sachant les mener jusqu'au bout, quelles que soient les difficultés rencontrées.

Alors que je lui demandais comment il parvenait à coucher sur ses toiles les images que son imagination avait créées, il me fit la réponse que voici :

« Créer une œuvre, c'est faire un travail de transcription entre ce que l'on a imaginé et la matière. Comme dans toute transcription, il y a des imprécisions et des erreurs. La matière résiste, le grain de la toile dévie le pinceau, la peinture sèche trop vite ou trop lentement. Pire encore, le camion qui passe dans la rue casse la concentration, le téléphone sonne au moment où l'idée commençait à se préciser... Si je laisse l'agacement monter à cause de ces difficultés, si je m'accroche désespérément à mon projet et que je refuse l'intrusion de la réalité dans ma vision, mon œuvre sera ratée. Pour la réussir, je dois au contraire considérer chaque «accident» comme une composante de mon œuvre qui sera au final l'addition de ma vision de départ et du travail de transcription de cette vision dans la matière. Le grain de la toile, le temps de séchage de la peinture et le camion qui passe feront partie du résultat final. Il n'y a pas d'autre moyen de réussir une œuvre. Chacun de ces imprévus représente une opportunité d'enrichir et d'améliorer la vision de départ. La création n'est pas une sorte d'illumination qu'il s'agirait ensuite de retranscrire le plus fidèlement possible ; c'est une démarche continue qui commence avec la vision de départ et qui se termine avec le dernier coup de pinceau. »

Nous créons nos vies de la même façon : de projet en projet, nous tentons d'inscrire dans la réalité ou dans la matière les visions que produisent nos imaginations. Réussir nos vies consiste à accueillir chaque élément imprévu non pas comme un accident, mais comme une opportunité de faire mieux, de vivre mieux.

Quelle histoire !

Désespéré de ne trouver aucun travail, un chômeur accepte de se rendre à un entretien d'embauche pour un poste de nettoyeur des toilettes chez Microsoft-Europe. Le DRH lui fait passer un entretien, puis de nombreux tests et lui dit :

« Félicitations : vous êtes engagé ! Donnez-moi votre email et je vous enverrai le formulaire à remplir, ainsi que la date et l'heure auxquelles vous devrez vous présenter pour commencer votre travail. »

L'homme, désespéré, répond qu'il ne possède pas d'ordinateur, et encore moins d'email. Stupéfait, le DRH de Microsoft lui répond que s'il n'a pas d'email, cela signifie que virtuellement il n'existe pas. Il ne peut pas embaucher quelqu'un qui n'existe pas.

Le moral de notre homme est au plus bas. Il n'a plus rien en poche. Il rentre chez lui et constate qu'il n'a plus rien à manger à part quelques tomates dans son réfrigérateur. Ayant une immense envie de hamburger, il prend ses tomates, les lave soigneusement, puis fait du porte-à-porte pour les vendre. Cela fonctionne si bien qu'il fonce au supermarché, rachète des tomates et les vend à nouveau en porte-à-porte.

Il répète l'opération toute la soirée et revient chez lui avec plus de cent euros.

Il réalise alors qu'il pourrait survivre de cette manière. Chaque jour, il part de chez lui très tôt et vend ses tomates dans sa rue, puis dans son quartier, puis dans la ville entière, se formant une clientèle d'habitués fidèles.

Peu de temps après, il s'équipe d'un camion de livraison, puis acquiert progressivement une petite flotte de véhicules et se met à embaucher des chauffeurs.

Quatre ans plus tard, l'homme est propriétaire d'une des plus grandes sociétés de distribution alimentaire d'Europe. Il pense alors au futur de sa famille, et décide de prendre une assurance vie.

Il appelle un assureur, le rencontre et choisit son contrat. Quand la conversation se termine, l'assureur lui demande son email pour lui envoyer la proposition.

L'homme répond qu'il n'a pas d'email.

« Incroyable ! lui dit l'assureur, vous n'avez pas d'email et vous êtes arrivé à construire cet empire ! Imaginez ce à quoi vous seriez arrivé si vous aviez un email ! »

L'homme réfléchit un instant, puis répond : « Je serais en train de nettoyer les toilettes chez Microsoft ! »

Mai

Formuler nos demandes

« Le bonheur est la seule chose qui se double si on le partage. »
Albert Schweitzer

Je ne sais plus où j'ai lu une phrase qui disait : « N'hésitez pas à demander de l'aide aux gens, ils vous en seront toujours reconnaissants. » Cette proposition se voulait moqueuse et cynique mais il me semble qu'on peut aussi y voir une très belle expression d'humanité. Nous avons tous, à un moment ou à un autre, ressenti le besoin de donner, de partager notre joie, notre confort ou notre chance. Et nous avons sans doute tous eu l'occasion de vivre les deux types de situations qui peuvent découler d'un don : il est accepté avec bonheur et simplicité et nous sommes gratifiés de remerciements chaleureux, ou ce don est refusé et nous en sommes meurtris, si meurtris que nous hésitons à renouveler l'expérience.

Assieds-toi sur une terrasse dans un lieu fréquenté et observe tous les gens qui passent. Cette jeune fille timide qui semble chercher sa place, cet homme mûr, rasé de frais, avec sa chemise impeccable, cette femme un peu triste, mais si belle dans sa robe à fleurs, ce couple insouciant qui marche sur un nuage, ce vieux monsieur perdu dans ses pensées... Ils portent tous un véritable trésor, une collection incroyable de gentillesse et d'attention, dont ils ne savent bien souvent pas quoi faire. Certains portent un trésor si lourd qu'ils ploient sous la charge et peinent à avancer. Je suis convaincu qu'il n'existe pas un seul être humain, aussi endurci soit-il, qui n'ait quelque chose à donner, pourvu qu'on sache le lui demander et l'accueillir comme il se doit.

En passant une seule heure assis à cette terrasse, tu verras défiler bien plus de ressources que tu n'en auras besoin pour toute ton existence. **Tu n'as besoin d'aucune autorisation pour puiser dans cet immense trésor.** Il est disponible pour chacun d'entre nous. La seule chose qui soit nécessaire pour en profiter est de savoir demander. Il nous faut parfois une vie entière pour apprendre à formuler nos demandes, comprendre ce qu'il nous est vraiment utile de recevoir et trouver les mots ou le simple sourire qui accueilleront le don comme il le mérite. Alors je t'engage à commencer dès maintenant !

Cette demande s'adresse au cœur. Elle doit donc évidemment venir du cœur, d'un jet puissant, pur, débarrassé de toute forme de parasite. Et comme nul ne voudra te donner quelque chose qui puisse te faire du mal d'une façon ou d'une autre, elle doit correspondre très exactement à ce dont tu as profondément besoin et qu'il t'est impossible d'obtenir par un autre moyen. Mais qu'est-ce donc ? Voilà ton premier domaine d'exploration !

L'art de la demande est un exercice merveilleusement édifiant parce qu'il indique à coup sûr, avec une précision absolue, où nous en sommes dans notre connaissance, dans notre rencontre avec nous-même et avec l'humanité que nous portons en nous. C'est sans doute pourquoi de très nombreux sages à travers l'histoire du monde ont choisi de vivre, de façon provisoire ou permanente, une vie de mendiant. **Dépouillés de tout, ils n'avaient pas d'autres choix que de travailler encore et encore cet art sacré de la demande.**

Mais pas de panique ! Nous avons droit à l'erreur ! Si tu accordes aux autres le droit au refus, tu peux dès à présent formuler tes premières demandes pour savoir où tu en es.

Voici quelques remarques générales concernant l'art de la demande :

- Il arrive souvent que nous recevions un don qui ne nous semble pas correspondre avec l'objet de notre demande. Je t'invite à ouvrir ton esprit à ce sujet : l'Univers est un brin farceur et peut choisir de répondre d'une manière parfois étrange. C'est souvent pour le meilleur que ta demande sera transformée et interprétée. À toi de savoir accueillir ce que tu recevras !
- Il y a sans doute de nombreuses choses que tu peux te donner à toi-même et que tu ne sais pas te demander. N'hésite pas à commencer par là. C'est facile et sans risque !
- On a toujours le droit de demander, quelles que soient la nature et l'importance de la demande. Respecter l'autre, c'est lui donner le droit de refuser et considérer qu'il en est capable. Il me semble très important de ne PAS décider à la place des autres ce qu'ils peuvent ou ne peuvent pas donner. Dans les deux cas, c'est à eux d'en décider.
- Même si ta demande est parfaitement formulée et qu'elle correspond à un besoin profond, il se peut que tu n'aies pas choisi la bonne personne à qui l'adresser. Accepte cette limite sans réserve : pour que la transaction soit équilibrée, il faut que le

don convienne précisément aux deux parties. La réussite dépend donc autant de celui qui donne que de celui qui reçoit et il te faut composer avec cette règle.

- La peur de demander s'ancre souvent sur une autre peur : celle de se voir opposer un refus. Si tu ne te sens pas prêt à accueillir un refus, tu n'es pas encore prêt à formuler ta demande. Imagine alors plusieurs situations au cours desquelles ce refus t'est opposé et cherche comment tu peux y réagir de façon positive. Il se peut également qu'une partie de toi ait peur de voir ta demande satisfaite ! (Ces deux peurs sont celles qui perturbent le plus la bonne formulation de nos demandes.) Là encore, tu peux t'imaginer en situation, afin de savoir si tu es prêt à accueillir une réponse positive.
- Tu portes toi-même un trésor que tu peux donner à ceux qui en ont besoin. En développant ta capacité à donner, tu développeras automatiquement ta capacité à demander et à recevoir. Le ciel te le rendra… au moins de cette façon-là !

En pratique

En cas de difficulté pour formuler ses demandes autour de soi, une bonne option de départ consiste à exprimer ta demande « à l'Univers », sans préciser de la moindre façon celui à qui elle s'exprime. Voici une petite technique toute simple pour y parvenir :

Le soir, avant de t'endormir, essaye d'éclaircir tes besoins et de formuler de façon précise ce que tu voudrais recevoir. Vérifie que l'objet de ta demande correspond à un besoin profond et que tu ne peux l'obtenir par un moyen plus simple et plus rapide que celui de la demande. Exprime ensuite ta demande à l'Univers, à la nature, à Dieu, à l'humanité ou à toute autre entité équivalente pour toi. Précise les raisons de ta demande et ce que tu souhaites réaliser une fois que tu auras bénéficié du don. Le lendemain et les jours suivants, raconte autour de toi ce que tu as fait. Si tu es croyant, il te suffit de dire que tu as fait une prière et de donner son contenu. Si tu n'es pas croyant, tu peux simplement dire que tu t'es lancé dans une expérience un peu étrange de « demande à l'Univers » et que tu attends de voir quels résultats cela peut donner. Mais n'oublie pas de préciser le contenu de ta demande et ce que tu comptes faire avec le don reçu.

- Le premier résultat que tu obtiendras sans le moindre doute, c'est que tu auras précisé et éclairci tes besoins et que cela t'aura fait avancer dans ta connaissance de toi-même, vers ton propre accomplissement. Pense aux grands sportifs qui répètent inlassablement le même geste, en conditions réelles ou simplement en pensée, pour l'améliorer encore et encore. Pense aux pianistes qui parviennent à perfectionner leur technique sans l'aide du moindre piano, en agitant simplement leurs doigts. C'est ce que tu fais en exprimant ta demande à l'Univers et en la répétant autour de toi : tu te prépares à recevoir et à mettre en œuvre ce que tu recevras. Tu es déjà dans une forme d'action.
- Le deuxième résultat que tu peux espérer, c'est qu'à force de répéter autour de toi ce que tu as demandé à l'Univers, tu tombes sur quelqu'un qui est tout prêt à te donner ce que tu demandes, ou qui t'offre simplement le moyen de l'obtenir par un procédé que tu n'avais pas encore imaginé. Comme je t'invite aussi à exprimer la raison pour laquelle tu souhaites obtenir un don, il se peut que tu fédères des gens autour de ton objectif et que tu crées ainsi un mouvement qui pourra dépasser ton projet initial.
- Le troisième résultat que tu obtiendras à coup sûr, c'est que cette démarche te placera dans une attitude positive par rapport à ta vie. L'espoir est l'un des piliers sur lesquels nous pouvons

toujours nous reposer quand la fatigue nous menace. Si tu n'as pas foi en Dieu, si tu n'as pas cette bouée de secours quand les choses tournent mal, tu peux toujours avoir foi en la Providence et même, pourquoi pas, en le hasard ? Ce qui me semble très important, c'est de prendre le temps d'exprimer sans relâche ta demande autour de toi. Ce sera ta façon d'obéir à l'adage : « Aide-toi et le ciel t'aidera ».

- Ce que tu obtiendras enfin, et ce n'est pas le moindre des avantages, c'est que tu auras développé ton art de la demande et que tu parviendras peu à peu à exprimer directement tes besoins aux gens que tu rencontres. Tu sauras alors peut-être alléger de leurs trésors, ceux qui n'ont pas trouvé quoi en faire et qui ne parviennent plus à avancer tant ils ont à porter.

Le point de vue du professeur Foldingue

L'économie de l'amour ne présente quasiment aucun point commun avec l'économie financière. C'est pourquoi, en tant que scientifique fou, il me semble extrêmement intéressant de comparer les deux.

Dans l'économie financière, la valeur d'un bien ou d'un service doit faire l'objet d'un consensus – au moins relatif – pour permettre les transactions. L'argent servant d'étalon de mesure, il est impératif que chaque objet ou service échangé fasse l'objet d'une cotation préétablie commune, permettant aux diverses parties d'éprouver un sentiment d'équité dans la transaction.

Le coût d'un sentiment est purement subjectif

Pour ce qui est des échanges affectifs, qui se passent de l'intermédiaire d'une monnaie, il n'est nullement besoin que les sentiments éprouvés chez les diverses parties fassent l'objet d'une même appréciation de part et d'autre. **Un geste, une parole, coûtant très peu à celui qui en est l'auteur, peuvent avoir une immense valeur pour celui qui les reçoit.** L'inverse étant bien entendu tout aussi possible.

Ce principe d'échange permet des profits sans limites lorsqu'il est correctement géré. Il laisse également la porte ouverte à des pertes surprenantes.

Par ailleurs, alors que la valeur d'un bien marchand peut généralement se justifier par des arguments objectifs tels que par exemple, le coût de production, nous serions bien en peine, la plupart du temps, d'expliquer pourquoi une relation ou le comportement d'autrui représente telle ou telle valeur à nos yeux.

Les sentiments naissent spontanément et n'ont pas le moindre coût de production. On note par contre, l'existence de sentiments positifs et de sentiments négatifs, ainsi que des transactions recherchant l'équilibre dans le positif, comme d'autres recherchant l'équilibre dans le négatif.

Les sentiments ne peuvent pas réellement s'échanger

L'économie de l'amour est particulièrement aventureuse et hasardeuse. Souhaitant que tu déclenches un sentiment chez moi, je vais tenter d'en déclencher un chez toi. Ou alors, je constate que tu as déclenché un sentiment chez moi et je me retrouve, que je le veuille ou non, dans l'obligation d'en déclencher un chez toi. Mais les deux parties jouent en aveugles : ignorant presque tout de ta nature, **je ne peux savoir avec certitude si mon attitude va déclencher un sentiment positif ou négatif**, ni quelle sera son intensité. Le jeu se joue généralement à tour de rôle, chacun appréciant au fur et à mesure de l'échange, les effets provoqués par telle ou telle attitude.

L'échange se faisant en aveugle, il n'est pas rare d'avoir affaire à des tricheurs : j'éprouve un sentiment intense mais je me garde de le montrer, ou à l'inverse, je n'éprouve pas grand-chose mais je prétends le contraire. Chacun défendant son propre intérêt, la première attitude se rencontre naturellement dans l'échange de sentiments positifs tandis que la seconde se pratique pour les sentiments négatifs. Mais paradoxalement, on peut observer le contraire lorsque l'on recherche à provoquer le sentiment d'admiration : j'en bave des ronds de chapeau et j'affirme n'avoir « même pas mal » ou alors je reste froid comme un concombre mais je prétends vibrer d'un amour romantique intense.

À bien y réfléchir, le terme d'échange affectif ou amoureux est particulièrement trompeur. Ce n'est pas le sentiment que j'éprouve que je vais pouvoir te proposer : je serais bien en peine de te le faire éprouver tel quel. Je ne puis que te proposer l'expression d'une émotion, un mode vibratoire, en somme, sur lequel tu pourras ou non entrer en résonance. Cette étrange monnaie n'aura pour toi que la valeur que tu y accordes, pardonne-moi ce jeu de mots.

Les sentiments ne connaissent ni pénurie ni surplus de production

Alors que la mise en circulation et la valeur de l'argent dépendent d'un organisme central sur lequel les usagers n'ont qu'une très faible influence, les émotions sont exprimées dans la plus grande liberté et dans la plus totale anarchie, autorisant la naissance spontanée d'échanges très intenses et leur arrêt tout aussi brutal.

L'adage affirmant qu'on ne prête qu'aux riches peut se vérifier dans le domaine des sentiments : celui qui semble porteur de sentiments positifs attirera plus volontiers la sympathie, c'est-à-dire l'expression de sentiments positifs dont il pourra se nourrir. Le même phénomène s'applique aux sentiments négatifs.

Le sentiment de « banqueroute » reste néanmoins tout à fait relatif dans ce domaine. Même quand une période prolongée d'échanges déficitaires provoque chez quelqu'un un état dépressif dans lequel il devient insensible et inapte à l'échange, il n'est pas rare que, par une transformation miraculeuse dont nul ne saurait expliquer l'origine, il récupère soudain un trésor à partager venant de nulle part.

Nous pouvons tous devenir alchimistes en matière de sentiments

Je tire deux conclusions de cette comparaison hasardeuse entre économie financière et économie affective.

Puisque nous pouvons recevoir beaucoup sans que l'autre ait donné grand-chose et vice versa, il ne faut jamais hésiter à demander, mais accepter les dons comme les refus sans aucune réserve.

Nous sommes maîtres de nos marchés intérieurs dont nous pouvons faire varier les cours à volonté à condition de savoir nous y prendre. Le plomb peut ainsi se transformer en or, pour peu que nous tentions l'alchimie.

Le cas d'école qui colle

Il y a quelques années, l'un de mes amis m'annonçait qu'il était atteint d'un cancer à développement rapide et qu'il ne lui restait que quelques mois à vivre. Il ne s'agissait pas vraiment d'un ami proche : nous avions été collègue, nous partagions des points d'intérêt et nous avions coutume de déjeuner ou de dîner ensemble tous les deux mois. Son pronostic fut malheureusement exact : trois mois plus tard, le « crabe », comme il disait en parlant de son cancer, l'avait bel et bien emporté. Dans l'intervalle, il m'avait demandé de prendre soin de sa fille unique, âgée de dix-sept ans, qui n'avait pas de ressources ni d'autres parents vers lesquels se tourner. J'appris à cette occasion que j'étais sa relation la plus intime et qu'il n'avait personne d'autre à qui confier cette responsabilité.

Mon premier réflexe fut de prendre cette jeune fille entièrement en charge financièrement. Le problème n'était de toute façon que temporaire : une fois la succession réglée, elle pourrait bénéficier de la vente de l'appartement de son père et financer la fin de ses études par ses propres moyens. Il ne s'agissait donc que d'une période d'un an, tout au plus, et j'avais la possibilité de faire face à cette charge supplémentaire.

Très vite, pourtant, cette option ne me parut pas sonner tout à fait juste. D'abord parce que je ne la connaissais que très peu et que la perspective d'hériter aussi brutalement d'une troisième fille semblait étrange, non seulement pour moi, mais sans aucun doute pour le reste de ma famille qui n'avait jamais eu de relation ni avec elle, ni avec son père. Ensuite parce qu'elle m'exprimait elle-même une gêne à l'idée de dépendre de quelqu'un qu'elle connaissait à peine.

Bien que n'ayant aucun ami vraiment proche, le père de cette jeune fille avait un réseau social particulièrement étendu grâce à son naturel sympathique et ouvert. Il me vint donc rapidement l'idée de lancer une souscription auprès de ce réseau. Il m'avait confié l'accès à ses papiers et à son ordinateur personnel, j'en profitais pour dresser une liste de ses contacts afin de prévenir chacun de son décès, de la situation de sa fille et de la nécessité de lui venir en aide.

Alors que j'avais tant de difficultés à solliciter l'aide d'autrui pour mes propres besoins, je me retrouvais à faire la quête pour le compte de quelqu'un d'autre, sans que cela ne me gêne le moins du monde. L'exercice connut une belle réussite. Il faut dire que je laissais bien peu d'occasion de se défiler à mes nombreux contacts : mails, téléphone, contact indirect, j'exploitais chaque occasion de les solliciter. J'avais la certitude de me battre pour la bonne cause et je n'avais aucun scrupule.

Cette expérience fut merveilleusement instructive. Les dons les plus importants ne provenaient jamais de là où nous les attendions et les sources qui nous semblaient les plus logiques ne rapportaient que très peu. Ce qui fut particulièrement bouleversant fut de constater comment chacun se positionnait face à l'occasion de faire un véritable don, sans espoir de retour. Certains vivaient très mal l'expérience et avaient le plus grand mal à justifier leur refus, d'autres sautaient sur cette occasion comme si elle les libérait d'un poids.

Après un premier réflexe de colère envers ceux qui ne répondaient pas à mes appels, j'en vins à un peu plus de sagesse : cette occasion de faire un geste généreux coïncidait avec les circonstances de vie de certains et ne coïncidait en aucune façon avec le parcours et la situation d'autres. Leurs situations financières n'avaient qu'un rapport infime avec ça et ne devaient pas être considérées comme un facteur déterminant. Par-dessus tout, il s'agissait d'un geste éminemment personnel, que nul n'était dans l'obligation d'accomplir. Il ne m'appartenait pas de juger qui avait tort et qui avait raison. Le don est un geste d'amour et l'amour se pratique à deux (ou à plusieurs), voilà tout. Aucun de nous ne peut prétendre qu'il est toujours et a toujours été ouvert à l'amour et au partage. Et nul ne peut se voir blâmer sur ce point. L'amour est un domaine dans lequel chacun fait ce qu'il peut, voilà tout.

Le fait est que cette souscription parvint à réunir la somme nécessaire à la vie de la jeune fille. Mais elle fit encore davantage : alors qu'elle venait de perdre son père et se trouvait dans l'angoisse de devoir affronter seule les difficultés de la vie, la jeune fille obtint la démonstration que le monde pouvait être généreux avec elle. Je suis particulièrement fier d'avoir participé à cette démonstration dont je retire d'autres bénéfices personnels : elle m'a permis de constater que je pouvais me rendre utile sans avoir pour autant à me sacrifier et à supporter seul les charges que la vie m'impose ou me propose. Elle m'a permis d'apprendre à demander.

Je crois qu'elle a aussi permis à de nombreux souscripteurs d'accomplir un geste dont ils peuvent légitimement être fiers. Que de bénéfices pour une situation pourtant difficile !

Quelle histoire !

Un homme très pieux se trouve un jour naufragé du Titanic. Il tente vainement de trouver un canot de libre pour échapper au bateau qui s'enfonce peu à peu dans les flots. Il se dit alors : « Chaque jour de ma vie, j'ai prié et honoré Dieu. J'ai confiance en Son amour. Dieu pourvoira à ma détresse et me sauvera. » Puis il saute dans l'eau glacée sans la moindre hésitation.

Au bout de quelques minutes, les passagers d'un canot l'aperçoivent dans cette mer mortellement froide. Ils semblent hésiter sur la décision à prendre, mais l'un des passagers se saisit d'une rame et se met à diriger fermement le canot dans la direction de l'homme.

— Venez, montez avec nous ! lui crie-t-il lorsque le canot arrive à sa hauteur.

— Merci mille fois, brave homme, mais regardez : vous êtes déjà en surnombre dans ce canot. Si je monte avec vous, nous risquons de couler tous ensemble. Partez en paix ! Pour ma part, je prie Dieu, je sais qu'Il me sauvera, j'ai foi en Son amour.

Quelques minutes plus tard, il fait si froid que l'homme ne sent plus le bas de son corps. Un deuxième canot surchargé passe à sa portée.

— Montez avec nous ! lui crie l'un des passagers.

— Allez en paix, répond l'homme. Ne vous inquiétez pas pour moi. Dieu me viendra en aide car j'ai foi en Lui.

Et l'homme continue à prier fiévreusement en répétant : « Seigneur, j'ai foi en Toi, viens à mon secours. »

La température de l'eau est si basse qu'en moins de dix minutes son corps gèle entièrement et l'homme finit par mourir. Lorsqu'il arrive devant saint Pierre, ses sentiments sont un mélange d'incompréhension et de colère.

— J'ai toujours eu foi en notre Père tout-puissant, dit-il. Chaque jour de ma vie, j'ai prié pour honorer Son nom. J'ai respecté chacun de Ses commandements sans jamais faillir.

— En effet, dit saint Pierre, tu es irréprochable.

— Alors pourquoi Dieu ne m'a-t-Il pas sauvé quand j'ai fait appel à Lui ?

— Au contraire, répond saint Pierre, à deux reprises, Dieu t'a envoyé un canot pour te sauver. Pourquoi as-tu refusé de monter à bord ?

Juin

Arrêter de réfléchir

« Hésiter, c'est déjà prendre une décision. »
Stanislaw Jerzy de Tusch-Letz[1]

Lorsque nous rencontrons une difficulté dans notre vie quotidienne, notre première réaction consiste généralement à réfléchir aux données du problème et à passer en revue les différentes solutions qui se présentent à nous. Dans la plupart des cas, réfléchir est pourtant la dernière chose à faire pour trouver la bonne solution.

Le xxe siècle a placé la raison au-dessus de tout et nous a convaincus que notre logique pouvait venir à bout de n'importe quel problème. L'expérience nous démontre pourtant chaque jour que cela est faux, que notre logique seule est tout à fait incapable de résoudre correctement la plupart des difficultés auxquelles nous devons faire face : comment faire en sorte que mon chef de service cesse de me harceler, que dire aux enfants pour qu'ils cessent de se disputer, comment avoir la paix quand je rentre du travail, pourquoi je ne trouve pas de travail, pourquoi je manque toujours d'argent, comment dire à cette personne que je voudrais sortir avec elle, comment dire à mon conjoint que je voudrais le/la quitter ? Tout au long de notre vie, nous consacrons un temps et une énergie absolument considérable à tenter de répondre à ce genre de question à l'aide de notre intelligence logique, alors qu'elle s'avère parfaitement inadaptée dans ces circonstances.

Je ne vais évidemment pas remettre en question l'intérêt de notre néocortex et maudire le fait d'appartenir à l'espèce humaine, dotée d'une si belle capacité de réflexion et d'abstraction. Mais je crois qu'il est nécessaire de remettre les choses à leur place : notre intelligence logique est un outil merveilleux lorsque nous tentons de manipuler des données techniques et scientifiques, mais elle s'avère souvent inutile, et parfois catastrophique lorsqu'on

1. Poète et écrivain polonais né à Lviv le 6 mars 1909 et mort à Varsovie le 7 mai 1966. Il fut interné dans un camp de concentration, dont il réussit à s'évader, vêtu d'un uniforme allemand. En Pologne, en 1957, il publie des aphorismes qui le rendent célèbre. Il est également l'auteur de poèmes et de vers satiriques.

l'applique à des problèmes touchant l'humain, le sentiment et les relations sociales. La majeure partie des problèmes que nous rencontrons au quotidien touche pourtant aux sentiments, aux émotions et aux relations entre personnes.

Si tu n'es pas encore tout à fait convaincu, je voudrais que tu demandes à ton néocortex d'intégrer les deux concepts suivants :

- *Shit in, shit out* (littéralement : « Quand il y a de la merde à l'entrée, on retrouve de la merde à la sortie. »). Cette expression est issue du monde de la programmation. Elle exprime le fait qu'un ordinateur, aussi parfait soit-il, doté d'un programme aussi élaboré que possible, ne produira aucun résultat fiable si les données d'analyses fournies sont fausses ou incomplètes. Notre néocortex, qui s'apparente de bien des façons à un ordinateur, est la victime permanente de cette évidence. Les données concernant l'être humain et ses relations sociales sont si nombreuses et si complexes qu'il n'est pas raisonnable de prétendre que nous pouvons les intégrer à notre réflexion. Dans la majeure partie des situations, nous n'avons accès qu'à un infime pourcentage des données nécessaires au « calcul » d'une solution.
- Même quand les données semblent claires, les pièges sont innombrables. Voici un exemple tout simple avec le paradoxe du gruyère :
  - Plus il y a de gruyère, plus il y a de trous ;
  - Plus il y a de trous, moins il y a de gruyère ;
  - Donc, plus il y a de gruyère, moins il y a de gruyère.
    - Simple, n'est-ce pas ? Prends quelques minutes pour relire ces trois affirmations et tenter de comprendre comment on peut parvenir à un résultat logique aussi aberrant en alignant seulement trois phrases.
    - Ce que j'adore dans ce paradoxe, c'est qu'il n'est vraiment pas facile (pour la plupart d'entre nous, en tout cas) de trouver où ça cloche. (Si ce problème t'empêche de dormir, tu trouveras la solution au bas de cette page[1].)

Les professeurs de mathématiques et les professeurs de philosophie adorent généralement ce genre de petit problème qui met leurs capacités logiques en défi. J'y vois pour ma part bien plus qu'un « petit » problème. J'y vois la démonstration que **notre logique se laisse piéger avec une facilité confondante** sans qu'il soit nécessaire pour cela de lui soumettre des problèmes très

1. Dans la première phrase, le mot gruyère désigne le fromage dénommé gruyère, c'est-à-dire la matière constituée à la fois par de la pâte et par des trous. Dans la deuxième phrase, le mot gruyère ne désigne que la pâte elle-même. Dans ces deux phrases, on utilise le même mot pour désigner deux choses différentes. On aboutit par conséquent à un non-sens logique.

complexes. Dans mon exemple, le piège est d'ordre sémantique, mais il existe des centaines d'autres paradoxes piégeant notre logique par une grande variété de moyens.

Si tu as l'habitude de penser que ton néocortex est un outil fiable auquel tu peux accorder une confiance absolue, je t'engage donc vivement à remettre cette croyance en doute. Qui te dit qu'il ne se cache pas des pièges logiques ou sémantiques dans les éléments qui nourrissent ta réflexion au quotidien ? Et dans ce cas, comment peux-tu être tellement certain que tu devrais avoir la garde des enfants ou que tu mérites une promotion depuis deux ans ?

Il me semble préférable d'abandonner définitivement les certitudes basées sur la logique. Bien que l'idée soit assez inconfortable, il me semble plus juste de reconnaître que nous n'avons pas les moyens d'établir des certitudes pour tout ce qui concerne les relations humaines, c'est-à-dire pour l'essentiel de ce qui constitue nos vies. Nous n'avons au mieux que des principes et des convictions, c'est-à-dire des éléments **subjectifs** et non **objectifs**.

Contrairement à ce que nous aimons penser et affirmer, nous prenons la plupart de nos décisions sur des bases irrationnelles et en tout cas inconscientes. Ce n'est qu'une fois la décision prise et entérinée que nous construisons un raisonnement logique qui nous donne l'illusion d'avoir agi ou réagi de façon rationnelle. Cette illusion a hélas un prix exorbitant : en nous éloignant de la réalité, elle handicape très sérieusement nos chances d'accéder au bonheur.

En « cessant de réfléchir » ou du moins en cessant d'accorder une importance démesurée à la partie logique de mon intelligence, j'ai obtenu les bénéfices suivants :

- J'ai réalisé que l'essentiel de mes décisions et de mes prises de position est basé sur des éléments subjectifs, c'est-à-dire incertains et discutables. Cette conclusion a introduit de la souplesse et de la tolérance dans mon existence. Elle m'a rendu plus ouvert aux opinions des autres et m'a permis d'adapter mes réactions à la réalité au lieu de vouloir plier la réalité selon les courbes de mes théories.
- J'économise une énergie considérable en cessant de vouloir « habiller » par un raisonnement logique, des choix qui sont avant tout impulsifs, émotionnels et irrationnels (que cela me plaise ou non).
- J'ai débloqué mes capacités d'action. Comme le disait à peu près Michel Audiard : « Un con qui marche ira toujours plus loin que deux intellectuels assis. » C'est encore plus vrai si les intellectuels en question n'ont pas toutes les données du problème.

- J'ai retrouvé les extraordinaires capacités d'intuition dont l'esprit humain est capable. Mon intuition me permet parfois de résoudre avec une rapidité fulgurante et une facilité incroyable des problèmes qui m'absorbaient autrefois pendant des semaines entières et qui me coûtaient une énergie considérable.
- Contrairement à ce que je croyais, j'ai gagné en crédibilité. Les justifications logiques sont rarement convaincantes. En affichant honnêtement les vraies raisons qui m'amènent à agir (impulsion, peur, envie, besoin, désir), je suis plus facilement compris et accepté.

En pratique

- Garde ta logique pour les faits constatables et vérifiables, les questions techniques ou scientifiques. Ne tente pas de l'appliquer à des ressentis ou à des émotions.
- Tu te sens mal quelque part ou avec quelqu'un ? Ne te demande pas pourquoi. Il n'y a quasiment aucune chance que tu obtiennes une réponse pertinente à cette question et encore moins tant que tu es sous le coup de l'émotion. Change d'endroit ou de partenaire. Cela vaut pour ton travail comme pour ton conjoint ou tes amis.
- Tu te sens bien quelque part ou avec quelqu'un ? Ne te demande pas pourquoi. Essaye de rester là ou d'y revenir dès que possible et le plus souvent possible.
- Exprime tes émotions de la façon la plus simple et la plus dépouillée possible. N'essaye pas de rationaliser ou d'expliquer tes sentiments : tu risquerais de les dénaturer.
- Quand ton cœur et ta raison sont en désaccord, écoute toujours ton cœur. On peut raisonner la raison, on ne peut pas raisonner le cœur. Il ne te laissera pas en paix tant que tu ne lui auras pas donné satisfaction.
- Si tu te poses trois fois la même question, c'est que tu refuses de lui apporter la bonne réponse. Écoute ton cœur.
- Trop réfléchir est à la fois une cause et une conséquence des périodes dépressives. Quand rien ne va plus, concentre-toi sur les minuscules plaisirs de la vie quotidienne : le vent du soir, le contact de l'eau avec la peau, le soleil qui sort des nuages, la première gorgée de bière[1], etc. En nourrissant tes émotions et ta sensualité, tu éclairciras considérablement tes idées.
- Si le doute t'empêche d'agir, cesse de réfléchir et demande-toi simplement quelle option tu ressens comme étant juste pour toi. Agis ensuite selon cette option et interdis-toi fermement de te reposer la question ou d'y réfléchir à nouveau. Le choix que tu auras fait de cette façon ne donnera pas toujours le résultat que tu espères, mais ce sera toujours le meilleur que tu puisses faire dans un état de doute. En procédant de cette façon, tu mettras fin à tes doutes, tu relanceras tes capacités d'action et tu cesseras de te torturer sans fin avec des dilemmes interminables. Je t'assure que cela fera remonter ta jauge de bonheur, malgré les échecs que tu continueras à essuyer dans ta vie.
- Accepte l'idée que le fait de réfléchir ne t'empêchera pas de te tromper. Si tu as une peur panique de te tromper, la solution n'est pas à chercher de ce côté-là. Tu dois, d'une façon ou d'une autre,

1. Allusion au livre de Philippe Delerm, *La Première Gorgée de bière et autres plaisirs minuscules,* Gallimard, 1997.

te donner le droit à l'erreur. Aucun raisonnement ne te permettra d'échapper à cela.

- N'oublie pas que ne pas agir a des conséquences souvent bien pires que le fait d'agir maladroitement. Pendant que tu réfléchis, le monde continue de tourner et ton bateau avance sans capitaine à bord. Attention à l'iceberg !
- Voici quelques moyens simples de calmer ton esprit :
  - Aller au cinéma.
  - Écouter de la musique.
  - Faire l'amour.
  - Écouter le vent.
  - Faire le ménage.
  - S'occuper des plantes.
  - Se faire une beauté.
  - Se faire masser.
  - Faire du sport.
  - Lire de la poésie ou des romans d'espionnage.
  - Bricoler.
  - Regarder les oiseaux ou les poissons.
  - Méditer.
  - Dormir.
  - Faire la cuisine et bien manger…

Si tu te sens en pleine agitation mentale et que tu ne parviens pas à te calmer, tu peux te programmer une magnifique soirée en piochant des idées dans cette liste : va faire du sport, fais-toi ensuite masser, puis détends-toi encore en écoutant un peu de musique, range ton intérieur, invite l'élu(e) de ton cœur au cinéma, fais-toi une beauté avant d'y aller, au retour, invite-le/la à dîner, lis-lui un poème en fin de repas. Avec un tel programme (et un peu de chance), vous ferez ensuite l'amour passionnément et vous dormirez.

Je te mets au défi de ne pas avoir les idées beaucoup plus claires le lendemain matin.

Le point de vue du professeur Foldingue

Selon la théorie de Paul McLean énoncée en 1969, le cerveau de l'homme moderne se compose de trois parties principales :

- Le cerveau « reptilien » également appelé cerveau « primitif », « archaïque » ou « primaire » est hérité de nos lointains ancêtres batraciens, puis reptiles, d'il y a quatre cents millions d'années. Parmi les comportements rencontrés chez les reptiles et toujours présents chez l'homme, on trouve tout ce qui implique l'autoconservation, l'établissement et la défense du territoire, les rituels et le respect de la hiérarchie.
- Le cerveau « paléo-mammalien » ou « limbique » nous a été légué par les premiers mammifères apparus il y a environ soixante-cinq millions d'années. Chez l'homme moderne, il constitue ce qu'on appelle le « système limbique » dévolu aux principaux comportements instinctifs et à la mémoire. C'est le siège des émotions (désir, colère, peur, chagrin, joie, tendresse...). Il déclenche les réactions d'alarme du stress et semble jouer **un rôle majeur dans le sentiment de foi et les idéologies**.
- Le cerveau « néo-mammalien » ou « néocortex » n'a que 3,6 millions d'années dans l'histoire de l'évolution. Il permet notamment le raisonnement logique et le langage, ainsi que l'anticipation des actes.

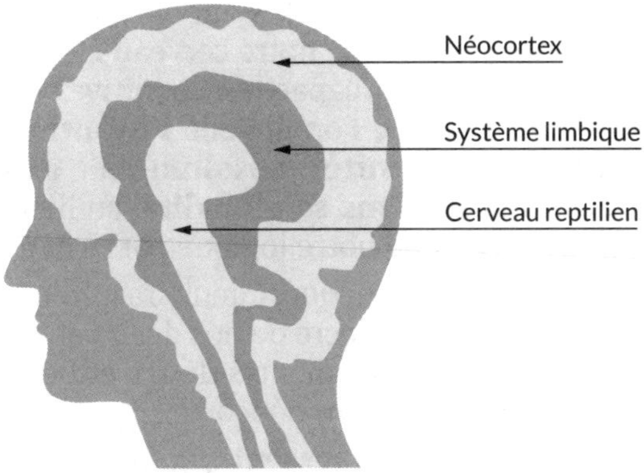

Paul McLean présentait ces trois zones comme quasiment indépendantes les unes des autres. Les découvertes récentes, issues notamment de l'imagerie médicale, démontrent des connexions et des interactions extrêmement nombreuses entre ces différentes parties du cerveau. On constate par exemple **une étroite collaboration entre le système limbique et l'hémisphère droit**

de notre cerveau, alors que l'hémisphère gauche, dévolu au langage, aux mathématiques et aux repères dans l'espace, fonctionne de façon relativement autonome.

Le cas de Phineas Cage, un homme ayant perdu son cortex frontal à la suite d'un accident, prouve que cette zone, bien qu'elle participe à toutes, n'est indispensable à aucune des activités motrices ou perceptives.

Depuis le XVIIIe siècle, la culture occidentale présente l'être humain comme un champion de la pensée rationnelle et nous laisse croire que notre néocortex impose sa volonté aux autres parties du cerveau et serait capable de dominer aussi bien nos instincts que nos affects. C'est oublier que la **notion même de volonté n'a strictement aucun sens si on la considère isolément.** En réalité, la totalité de nos pensées et de nos actions vise à satisfaire nos besoins, nos envies et nos instincts. C'est donc les cerveaux reptiliens et limbiques qui dirigent l'orchestre, le néocortex n'étant qu'un outil au service du tout. Survaloriser la pensée logique par rapport au reste de notre identité revient ni plus ni moins à ne voir que l'outil et à oublier la main qui le manie.

De plus, la présentation manichéiste d'un néocortex subtil, raffiné, sophistiqué, évolué qui s'opposerait à un cerveau limbique primitif, brutal et grossier (Dr Jekyll et M. Hyde) est loin de ce que l'imagerie médicale révèle du fonctionnement du cerveau.

Si la maîtrise du langage évolué et le symbolisme semblent en effet réservés au néocortex, le reste de notre cerveau n'en est pas moins sophistiqué et démontre des capacités cognitives remarquables. Il héberge notamment ce que l'on appelle **l'intuition** et qui peut représenter **une opportunité absolument extraordinaire d'appréhender la réalité dans sa globalité**, au lieu de n'en percevoir que l'infime partie que notre logique parvient à gérer.

Au final, nos choix de vie quotidiens résultent d'un subtil équilibre entre l'expression directe de nos désirs et de nos besoins et l'expression indirecte de ces mêmes désirs et besoins une fois qu'ils ont été « traités » par notre néocortex.

En cas de conflit entre notre ressenti profond et notre logique, le bon choix consiste à privilégier la main plutôt que l'outil, la source de la volonté plutôt que son interprétation. Un choix privilégiant la logique ne règle jamais ce type de conflit et ne fait que le reporter pour un temps.

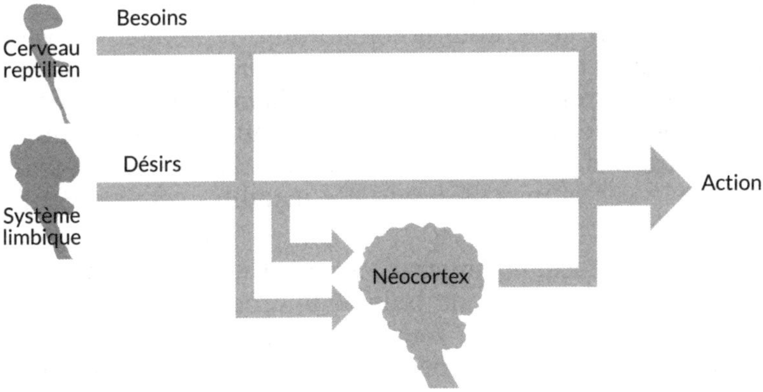

La vie sans hémisphère gauche

Le docteur Jill Bolte Taylor est une neuro-anatomiste américaine maîtrisant de grandes compétences dans l'anatomie et le fonctionnement du cerveau. En 1996, elle a été victime d'un accident cérébral qui a endommagé une partie très importante de son hémisphère gauche (celui qui est dévolu à la logique). Après huit ans de rééducation lui ayant permis de réapprendre à parler, à lire et à écrire, elle explique, à travers son livre *Voyage au-delà de mon cerveau* à quoi ressemble la vie sans hémisphère gauche :

- Plus de « petite voix » commentant sans cesse le flux des ressentis et des pensées. Les émotions prédominent sur l'analyse et le jugement.
- Plus de notion de temps. L'ici-et-maintenant s'impose face aux notions de passé et de futur.
- Dans le même temps, les sensations (lumière, couleurs, bruits, odeurs, toucher) sont considérablement amplifiées.
- Plus de peurs (exceptées les peurs primales et instinctives).
- Les limites du corps semblent s'être dissoutes. Dans les premières années qui ont suivi son accident, Jill Bolte Taylor se percevait elle-même comme un « fluide » et éprouvait un sentiment mystique et euphorisant d'appartenance à un « tout ».

En bref, les lésions provoquées par cet accident cérébral sur l'hémisphère gauche de Jill semblent lui avoir apporté tout ce que les yogis, les religieux et les champions modernes du développement personnel semblent rechercher. Elle explique quels soins méticuleux elle a apporté, au cours de sa rééducation, au fait de préserver les bienfaits de sa nouvelle condition, tout en récupérant les compétences qu'elle avait perdues au passage.

« Il me semble vital pour notre santé mentale de surveiller notre petite voix intérieure. Nous accomplirons un premier pas vers la quiétude quand nous cesserons de tolérer en nous l'expression de critiques ou de reproches incessants. Cela m'a redonné confiance d'apprendre que la partie de mon cerveau qui me raconte des contes n'est pas plus grosse qu'une cacahuète ! Imaginez un peu la belle vie que je menais quand ces maudites cellules s'étaient tues ! »

Cette expérience, commentée par un esprit scientifique, m'a frappé par ses conclusions tellement proches de ce que mon travail sur moi-même et toutes les lectures que j'avais eues auparavant m'avaient amené à comprendre : **la partie logique de notre intelligence, loin d'être une clé vers le bonheur, représente le principal obstacle qu'il nous faut surmonter**. L'approche du bonheur et de la sérénité ne s'effectue pas en acquérant des connaissances ou des compétences, mais plutôt en se débarrassant de certains mécanismes internes. **Tout se passe comme si le bonheur préexistait en nous et qu'il suffisait de lui ouvrir notre esprit pour qu'il s'y déploie.**

« J'ai découvert que, plus les cellules de mon cortex supérieur se montraient attentives à ce qui se passait dans mon système limbique, mieux je maîtrisais mes pensées et mes sentiments. »

À la suite de cette expérience, Jill se fait l'apôtre d'une vie basée sur la valorisation des sensations physiques (goût, odorat, toucher…) qui permettent de ramener la conscience dans l'ici-et-maintenant.

« Certains programmes de notre système limbique (à l'origine de nos émotions) se déclenchent par automatisme en libérant des substances chimiques qui se diffusent dans l'ensemble de notre organisme mais disparaissent en moins d'une minute et demie de notre circulation sanguine. [Jill parle ici des diverses hormones qui influent sur notre humeur.] Prenons l'exemple de la colère : il nous arrive de nous emporter comme par réflexe dans certaines circonstances. Des systèmes chimiques qui perturbent notre équilibre physiologique nous envahissent alors pendant une minute et demie. Elles se dissipent ensuite et notre réaction automatique n'a plus lieu d'être. En résumé, ma colère ne persiste plus d'une minute et demie que lorsque je laisse le circuit neuronal correspondant s'activer en boucle. Je n'en reste pas moins libre à tout moment d'attendre que ma réaction se dissipe en me concentrant sur l'instant présent plutôt que de me laisser happer par le fonctionnement répétitif de mes neurones ».

Notre hémisphère gauche a tendance à maintenir nos émotions négatives en vie. Il les entretient en ressassant encore et encore le souvenir de ce qui les a fait naître, alors que le retour dans l'ici-et-maintenant permet de rompre cette boucle négative. En manipulant des notions abstraites telles que la méchanceté, la trahison et l'injustice, notre intelligence logique rajoute une souffrance mentale par-dessus nos douleurs réelles. En refusant d'accorder trop d'importance à ces notions abstraites, on revient plus rapidement à une réalité somme toute assez simple à gérer.

Le cas d'école qui colle

À une des périodes de ma vie, j'ai failli mettre mon union amoureuse en péril à force de trop me reposer sur mon intelligence logique. Ma compagne et moi occupions alors une maison que je tenais de mon union précédente. Mes filles y avaient leurs habitudes et tenaient inconsciemment à préserver autant que possible les repères qui étaient les leurs : disposition des meubles et habitudes de vie. L'avatar fantomatique de mon ex-épouse semblait rôder dans chaque pièce, veillant à ce que chacun de ses choix d'aménagement reste en place. Ma nouvelle compagne, qui ressentait le besoin bien légitime d'investir les lieux et de se sentir chez elle, se voyait donc contrariée dans chacune de ses suggestions. Changer de canapé ? Pour quoi faire ? L'ancien est très confortable et s'adapte bien aux lieux. Repeindre les pièces ? Pourquoi donc ? Nous avons eu beaucoup de mal à trouver des couleurs qui se mariaient ensemble. Allons-nous prendre le risque de tout gâcher ? Les arguments des « anciens » (mes filles et moi-même) étaient toujours d'une logique imparable qui masquait la véritable raison de notre immobilisme : la peur de perdre nos repères alors que mon divorce était encore tout récent.

Ma compagne était, elle aussi, victime de ses peurs : peur de se froisser avec mes filles au risque de rendre notre relation impossible et peur de ne pas respecter mon hospitalité alors que je venais de l'accueillir, elle et ses enfants, dans ma maison. Sa raison et sa logique lui criaient avec force qu'il lui fallait accepter la situation telle qu'elle était, qu'elle n'avait aucun droit sur cette maison, que le canapé était en effet irréprochable et que les couleurs des murs se mariaient ensemble à merveille. Et tout cela était plus ou moins vrai.

Mais son cœur lui disait autre chose, le genre de chose qu'il est très difficile de faire monter à la conscience, parce qu'il s'agit d'un sentiment vague et diffus, comme un malaise inexplicable. Elle éprouvait le besoin irrépressible de se sentir chez elle et cela n'était tout simplement pas possible dans ces conditions. Mais le cœur, évidemment, n'exprime pas les choses aussi clairement, **il se contente de crier qu'il souffre** et fournit bien peu d'arguments. Alors sa logique cherchait une raison à son malaise. Et comme cela se produit bien souvent lorsque nous souffrons, elle lui murmurait de très vilaines pensées : qu'elle n'avait pas vraiment sa place dans cet ordre inamovible puisqu'elle dérangeait en prétendant ranger autrement, qu'on ne voulait pas d'elle, qu'elle était bien ingrate et coupable de ne pas savoir apprécier ce que je lui offrais.

Les arguments logiques que nous développions les uns et les autres au sujet de cette situation ne pouvaient en aucune façon nous amener vers une solution. Ils ne faisaient au contraire que masquer les véritables raisons de nos malaises, inaccessibles ou refusées par nos consciences.

Ma compagne finit par trouver une solution très simple à ce dialogue de sourd en exprimant sa situation telle qu'elle était, sans chercher à l'expliquer ou à la justifier. Elle me dit simultanément deux choses :

- Je me sens très mal à l'aise dans cette maison.
- Je m'en veux terriblement de ne pas me sentir à l'aise et je ne comprends pas pourquoi les choses se passent de cette façon.

Étant amoureux d'elle, il était évidemment hors de question que je la laisse vivre cette situation sans réagir. J'ai cessé de vouloir rationaliser son malaise et j'ai appuyé son besoin de réaménagement (nous avons commencé par changer notre canapé et par repeindre le salon), comme celui de déménager à moyen terme.

En expliquant à mes filles que ces changements étaient nécessaires pour des raisons non rationnelles, je me suis retrouvé dans une situation qui ne m'était pas habituelle : je leur proposais enfin l'image d'un père, d'un homme, qui ne sacrifie pas le ressenti sur l'autel de la raison. Je suis heureux d'en être capable aujourd'hui.

Quelle histoire !

Le renard et les raisins[1]

Un jour, un renard aperçoit un beau bouquet de raisins mûrs suspendus sur une vigne qui court le long des branches d'un arbre. Les raisins semblent prêts à éclater tant ils sont gorgés de jus et la bouche du renard salive tandis qu'il les regarde avec envie.

Le bouquet est suspendu sur une branche haute et le renard doit sauter pour s'en saisir. Son premier saut la lui fait manquer d'une grande distance. Il prend alors un peu de recul afin de refaire une tentative... mais il la manque à nouveau. Encore et encore, il saute en vain.

Au bout d'un moment, il s'assoit, et regarde les raisins avec dégoût. « Quel idiot je fais, se dit-il. Voilà que je m'épuise pour attraper un tas de grappes aigres qui ne valent rien. » Puis il reprend sa promenade d'un air fort dédaigneux.

Moralité : Ils sont nombreux, ceux qui prétendent mépriser et dénigrer ce qui est hors de leur portée.

Cette fable est souvent choisie pour illustrer le concept de « dissonance cognitive », élaboré par Leon Festinger et présenté dans le livre *L'Échec d'une prophétie* [2].

Selon cette théorie, l'individu en présence de cognitions (croyances, attitudes, connaissances, jugements) incompatibles entre elles, éprouve un état de tension désagréable : c'est l'état de « dissonance cognitive ». En raison de cet inconfort, cet individu mettra en œuvre des stratégies **inconscientes** visant à restaurer sa cohérence de pensée. Ces stratégies sont appelées « modes de réduction de la dissonance cognitive ». L'une des stratégies pour réduire la dissonance cognitive consiste à modifier ses croyances, attitudes et connaissances pour les accorder entre elles. Elle est appelée « processus de rationalisation ». Ce processus a été mis en évidence chez les enfants et les singes capucins dans une étude publiée en 2007[3].

1. Traduction de l'auteur à partir d'une fable d'Æsop qui s'inspire elle-même de la fable éponyme de Jean de La Fontaine.

2. Publié en 1956 en collaboration avec Henry Riecken et Stanley Schachter.

3. Egan L.C., Santos L.R. et Bloom, « The Origins of Cognitive Dissonance, Evidence From Children and Monkeys », *Psychological Science*, vol. 18, n° 11, p. 978-983.

Juillet

Être sincère avec soi-même

« Dans un couple, peut-être que l'important n'est pas de vouloir rendre l'autre heureux, c'est de se rendre heureux et d'offrir ce bonheur à l'autre. »

Jacques Salomé

Voilà sans doute le sentier le plus sinueux de tous ceux que je te propose dans ce livre. Il exige que tu écartes de nombreuses branches et que tu regardes avec attention où tu poses les pieds. Mais je suis convaincu que les paysages qu'il offre justifient largement les efforts investis. En te proposant l'idée de travailler ta sincérité avec toi-même, je ne fais que marcher dans les pas des Grecs anciens qui proposaient : « Connais-toi toi-même. » Vaste programme ! Si vaste qu'on ne sait pas trop par où commencer… À travers les exercices de ce chapitre, je te propose une petite ficelle sur laquelle tu vas pouvoir tirer pour commencer à défaire la pelote.

Voyons d'abord où réside la difficulté et d'où je tire l'idée saugrenue que tu pourrais manquer de sincérité avec toi-même. Pour ce dernier point, je me contente de supposer que tu es un être humain comme les autres et que tu portes en toi un idéal auquel tu souhaiterais correspondre. Si c'est bien le cas, **tu as sans doute, comme chacun d'entre nous, des difficultés à constater que tu ne corresponds pas encore à ton idéal**. Eh bien c'est là que réside l'origine de nos petites tricheries quotidiennes.

Partant du bon principe qu'il faut bien nous encourager et rendre nos faiblesses supportables, nous avons naturellement tendance à nier ou à minimiser ce qui nous sépare de notre idéal. Voici quelques-unes des phrases que nous nous disons pour nous faire plaisir :

« Je peux encaisser ça sans problème, ça ne me fait pas peur ! »

« Il dit qu'il ne m'aime pas ? Eh bien je m'en fiche complètement ! »

« J'ai perdu de l'argent dans cette histoire, mais ça n'a pas d'importance. »

« J'ai peut-être manqué de fair-play, mais il l'a bien cherché. »

« Je sais que c'est pas bien, mais tout le monde le fait, alors ça ne compte pas. »

Etc.

À l'inverse, il peut nous arriver de porter des blessures qui ont profondément ébranlé notre confiance en nous dans un domaine particulier. Nous nous sentons alors trop loin de notre idéal et plutôt que de nous battre, nous renonçons définitivement à l'atteindre. Nous en souffrons et nous nous en voulons, ce qui nous amène à tenir des propos dégradants et injustement exagérés à notre propre sujet :

« Je suis totalement incapable de faire un dessin/de chanter/de danser. Je n'y arriverai jamais. »

« J'ai été complètement nul sur ce coup-là. Je suis impardonnable. »

« Je ne suis bon à rien. Quel imbécile je fais ! »

« J'ai honte de moi. Je me demande comment il/elle fait pour m'aimer. »

« J'ai encore échoué, ça ne m'étonne pas. »

« Avec le bol que j'ai, c'est pas la peine d'y compter. »

Que je me prenne pour Superman ou pour le dernier des derniers, **je suis dans le mensonge vis-à-vis de moi-même**. Et ce mensonge qui m'aveugle sur moi-même est un tapis dans lequel je me prends les pieds : il m'empêche complètement d'avancer.

Regarde à quel joli paradoxe ce constat nous amène : nous avons un idéal que nous aimerions atteindre, mais le fait d'avoir cet idéal nous empêche d'avancer. Plus notre éducation a été rigide et exigeante, plus elle a valorisé le perfectionnisme, et plus notre idéal sera élevé et notre tolérance faible. Nous avons alors toutes les chances d'être victime de ce méchant paradoxe. Les deux pieds dans le ciment, nous nous repassons nos mensonges en boucle, comme un disque rayé.

Que nous nous présentions sous un angle un peu trompeur aux gens qui nous entourent, passe encore, le plus terrible est que nous nous mentions à nous-même pour nous rendre la réalité « supportable ». Se mentir à soi-même… c'est-à-dire se trahir soi-même… quand on y pense, ça n'a vraiment aucun sens ! C'est pourtant ce que nous faisons en permanence. Et je ne crois pas qu'un seul homme, aussi sage ou intègre soit-il, ait pu échapper totalement à ce piège.

Ce mécanisme est pourtant un détestable générateur de souffrances dont l'efficacité augmente avec le temps. **Une part de nous-même reste consciente que nous trichons avec la réalité.**

Années après années, alors que nos mensonges se répètent encore et encore, la supercherie devient insupportable et vient s'ajouter à la frustration de ne pas avancer, de ne pas se rapprocher de notre idéal. Tout cela finit par tuer nos rêves, nous laissant avec une piètre estime de nous-même.

Quand une blessure a pris une mauvaise tournure, il faut commencer par la nettoyer et cela demande un certain courage. Pour mettre fin à tes petits mensonges quotidiens, la première chose à faire et d'établir un **bilan réaliste** de ta situation **par rapport à ton idéal**. Tu trouveras dans la section suivante un bon moyen d'établir ce bilan.

Le but de cet exercice est de te permettre de **distinguer clairement ce qui est ton idéal (tes rêves) et ce qui est ton objectif de vie (tes projets)**. L'idéal est une chose très nourrissante qui est indispensable à notre construction. Mais nous ne devons jamais oublier que nous ne pouvons l'atteindre et que nous ne pouvons, dans le meilleur des cas, que nous en approcher. Il est notre guide, notre lumière et notre musique. Pour que notre vie se réalise, pour être pleinement incarné dans notre existence, nous devons également nourrir un projet concret (une « **mission de vie** ») qui soit à notre mesure et que nous pourrons réaliser, quitte à l'adapter à ce que la vie nous apprend sur nous-même.

Pour que ce projet puisse prendre forme et vivre en toi, tu dois apprendre à trier chacune de tes aspirations pour savoir s'il convient de la classer dans la partie « rêves » ou plutôt dans la partie « projets ». Tu dois absolument préserver ton énergie pour l'investir dans des objectifs que tu es en mesure de réaliser et non la gaspiller dans des rêves qui sont (pour le moment) hors de ta portée.

Nous portons tous en nous des ressources extraordinaires dont nous ignorons le plus souvent l'existence et la nature. C'est quelquefois dans les moments de crises que nous réalisons à quel point nous sommes doués, compétents, pour réussir certaines choses. C'est quelquefois aussi le regard des autres qui nous révèle à nous-même.

Le fait est que nous sommes **tous uniques** et que les missions ou devoirs dont nous ont chargé nos parents au cours de notre éducation ou que la société nous a inculqués, ne correspondent pas forcément à nos compétences réelles et à nos dons naturels. Nous nous échinons à tenter de correspondre à ce modèle inadapté, trichant à l'occasion pour nous convaincre que nous y sommes parvenus, ou que nous pouvons y parvenir. Nous nous résignons parfois à ne pouvoir accomplir nos devoirs et la tristesse qui en découle occupe tout notre espace et notre attention. Pendant ce temps, **notre plein potentiel continue de dormir en nous**, n'attendant que sa chance pour s'exprimer.

Les moments les plus douloureux de notre existence, les handicaps que nous portons en nous, nous ont également permis de développer des qualités ou des compétences que nous ne reconnaissons pas toujours à leur juste valeur, parce qu'elles restent accrochées à un sentiment de douleur auquel nous ne voulons pas repenser. Il s'agit pourtant d'un vrai trésor dont la valeur peut dépasser le prix que nous l'avons payé.

En portant un regard plus lucide sur moi-même, en tentant la démarche de sincérité que j'expose ici, j'ai pu déterrer des trésors dont j'ignorais jusqu'à l'existence. Ils étaient parfois enfouis dans la boue, dans des marais putrides qui ont mis à mal mon odorat délicat. J'ai dérangé des fantômes peu avenants en partant à leur recherche. Mais il n'y a rien dont je n'ai pu venir à bout. Aucune partie de moi ne peut être plus forte que mon moi tout entier.

Hardi les cœurs !

En pratique

Commence par tracer trois colonnes sur une grande feuille de papier que tu utiliseras à l'horizontal.

- La première colonne s'intitule « Mes rêves ». Tu y inscris les compétences et les qualités que tu rêves d'avoir. Rappelle-toi tes rêves d'enfance ou d'adolescence. Quel métier voulais-tu faire ? Dans quelle position sociale te projetais-tu ? Comment envisageais-tu tes rapports aux autres ? As-tu un modèle ? Quelqu'un que tu envies et que tu rêverais d'être ? Prends ton temps pour être sûr de faire le tour de tous tes rêves/fantasmes et de n'en oublier aucun. **La critique et le réalisme n'ont aucune place dans cette colonne.** Tu y parleras de tes rêves, c'est-à-dire de choses qui n'ont pas besoin d'être réalisables, mais qui te nourrissent par tout ce qu'ils représentent. Tu peux explorer les domaines professionnels, amoureux, sportifs, artistiques, spirituels… ou tout autre qui te vient à l'esprit.
- La deuxième colonne s'intitule « Mes projets ». Pour la remplir, tu sélectionnes les rêves qu'il te semble possible de réaliser, que ce soit aujourd'hui ou dans un avenir lointain. Il te faut évidemment faire preuve de réalisme, mais il ne s'agit pas non plus de jouer les rabat-joie. **N'essaye pas pour le moment de trier ce qui est difficile ou non.** Inscris tout ce qui te semble pouvoir prendre une place dans ta vie, quel que soit le temps que cela prendra.
- La troisième colonne s'intitule « Ma situation aujourd'hui ». L'épreuve de sincérité commence ici : il s'agit d'avoir une vision aussi objective que possible de **tes compétences, de tes qualités et de tes défauts**. Objective, cela signifie ni flatteuse, ni dénigrante. Je te conseille, là encore, de prendre tout ton temps pour compléter cette colonne. Pour prendre du recul sur toi-même, tu peux te demander ce que tes amis, tes collègues ou ton conjoint diraient de toi si tu leur demandais comment ils te voient. Essaye également de te rappeler comment tu t'es comporté dans les périodes récentes, dans les moments forts des derniers mois. Que cela révèle-t-il chez toi ? Une autre approche qui peut s'avérer fructueuse est celle que j'intitule « la médaille ». Elle part de l'idée que chacune de tes qualités engendre un défaut et que chacun de tes défauts engendre une qualité. Demande-toi donc quels sont les défauts de tes qualités et quelles sont les qualités de tes défauts. Vois ce que cela peut t'amener à rajouter dans le tableau.

J'insiste sur le fait qu'être sincère avec toi-même est l'un des exercices les plus difficiles qui soit. Il y a très longtemps que tu as pris l'habitude de te mentir à toi-même et c'est un vrai défi que de renoncer à cette pratique. Pour y parvenir, tu dois te donner le droit de te tromper et d'aboutir à un résultat imprécis. Si tu es trop dur avec toi-même, tu risques de te dénigrer, de nier ou de diminuer tes qualités et de t'attribuer des défauts insupportables là où il n'y a peut-être que des insuffisances. Si tu es trop « coulant », tu risques de nier tes insuffisances et de prétendre maîtriser des compétences que tu n'as pas encore tout à fait.

L'important est d'aller aussi loin que tu le peux dans cet exercice. Tu as trois colonnes, n'hésite donc pas à déplacer certaines choses d'une colonne à l'autre. Je t'engage à remplir chacune d'elle avec la même application. Pour être complet, **nous avons besoin de rêves autant que de projets et de projets autant que de lucidité sur notre situation réelle**. Si tu passes trop vite sur l'une de ces colonnes, tu ne pourras compléter les deux autres comme tu le dois. C'est en passant sans cesse d'une colonne à l'autre que tu parviendras à établir un portrait fidèle de toi-même.

À chaque fois que tu rayeras un mot, que tu le déplaceras d'une colonne dans l'autre ou qu'il te viendra l'idée subite de quelque chose à ajouter, tu progresseras dans ta démarche de sincérité avec toi-même. L'intérêt de cet exercice ne réside pas dans ce que tu parviens facilement à identifier et à classer. Il réside dans **tes hésitations, tes doutes, tes difficultés et tes revirements**. C'est là que tu commences vraiment à devenir honnête avec toi.

Chaque avancée, même infime, se traduira par de grandes victoires dans ta vie future. Je t'engage donc à passer autant de temps que possible sur ce tableau. Si tu peux y revenir demain, ça sera également une excellente chose car cela t'amènera à y repenser dans la journée et tu commenceras à inscrire dans ton quotidien cette démarche de sincérité et de lucidité. Dans la mesure où cela te semble possible, je t'encourage vivement à faire part de ce travail autour de toi et à vérifier auprès de tes proches comment ils te voient, quels sont tes « qualités » et tes « défauts », disons plutôt quelles sont tes **forces** et tes **faiblesses**, selon leurs points de vue, selon leurs points de vie.

À ton prochain anniversaire, le plus beau cadeau que tu puisses te faire serait de reprendre ce tableau et de voir en quoi tu es devenu capable de le faire évoluer, en quoi ta vision de tes forces et de tes faiblesses a changé, quels sont les rêves dont tu te souviens encore et quels sont les projets que tu as réussi à faire progresser ou aboutir, quels sont ceux que tu as abandonnés, quels sont ceux qui sont apparus et ce qu'ils te révèlent sur toi-même. Et à l'anniversaire suivant, tu pourras encore constater à quel point cet exercice te permet d'y voir plus clair.

À chaque fois que tu retravailleras sur ce tableau, tu progresseras un peu plus dans ta lucidité à ton propre sujet. Et chaque progrès te permettra de débloquer un peu plus les ressources extraordinaires et insoupçonnées que tu portes en toi.

Le point de vue du professeur Foldingue

« Je pense, donc je suis » affirme Descartes dans son *Discours de la méthode.* Cherchant à remettre en question et à vérifier tout ce qui constitue son savoir et ses convictions, il choisit cette affirmation comme la base de ses certitudes.

Mais qui est « je » ?

Soyez vous-même ! Devenir soi-même... Avoir le courage d'être soi, Connais-toi toi-même... Que de belles maximes que voilà ! Elles nous parlent intuitivement, nous sentons bien qu'elles indiquent une piste... mais pour ce qui me concerne, elles ont longtemps été la source d'une grande frustration : être moi-même, je veux bien, mais comment faire et qu'est-ce que ça veut dire exactement ? Le professeur Foldingue et son inlassable curiosité scientifique ne pouvaient laisser cette question de côté !

La première réponse que mes recherches me permirent de trouver est signée de Pierre Dac. À l'éternelle triple question toujours demeurée sans réponse : « Qui sommes-nous ? D'où venons-nous ? Où allons-nous ? », je réponds : « En ce qui me concerne personnellement, je suis moi, je viens de chez moi et j'y retourne. » Mauvaise pioche ! Il ne s'agit que d'une boutade. Est-il possible d'aller beaucoup plus loin en abordant la question avec sérieux ?

La personne que nous désignons par « je » n'est bien souvent qu'une toute petite part de nous-même : **notre intelligence logique**, quand nous exprimons une pensée abstraite, **notre enveloppe physique** quand nous parlons de nos actes. Ce fameux « inconscient », identifié par Freud et qui semble bien être responsable de l'immense majorité de nos pulsions et de nos actes, nous reste inabordable.

Dans son livre *Le Bonheur*, Eckart Von Hirschhausen propose de comparer la personne humaine à un conducteur d'éléphant (la conscience) juché sur son éléphant (l'inconscient[1]). Le conducteur a beau décider du chemin à suivre, il lui faut convaincre l'éléphant et gérer ses caprices et ses besoins naturels s'il veut atteindre son objectif.

1. Eckart Von Hirschhausen s'est sans aucun doute inspiré du livre *La Fourmi et l'Eléphant* de Vince Poscente. Ce livre raconte l'histoire de Flam, la fourmi et Elgo l'éléphant. Les deux partenaires sont amenés à collaborer pour réaliser leur objectif commun, Flam (notre héros hyperconscient) et Elgo (l'associé « subconscient », têtu et instinctif de Flam) doivent fonctionner comme un seul homme, ou plutôt comme une seule créature, pour atteindre l'Oasis, leur vision du paradis dans la savane africaine.

Nous ne pouvons rien changer au fait que notre éléphant représente un grand mystère à nos propres yeux, mais nous pouvons réorienter notre vie de façon radicale en remplissant notre idée du « je » de tout ce que nous percevons, même indirectement, de nous-même au lieu de le réduire à la seule partie dont nous avons pleinement conscience. **Nous sommes le conducteur ET l'éléphant.** Nous avançons ensemble. Notre chemin résulte au final d'un accord entre le conducteur et l'éléphant. Nous ne formons qu'un.

Me voilà donc dans une démarche opposée à celle de Descartes : plutôt que d'éliminer tout ce dont je ne suis pas absolument certain, je vais tenir compte de l'ensemble des manifestations qui émanent de mon être pour pouvoir me rapprocher au plus près d'une juste perception de moi-même.

Dans *Le Pouvoir du moment présent*, Eckhart Tolle affirme : « Vous n'êtes pas votre mental », c'est-à-dire vous n'êtes pas seulement votre intelligence logique, ni votre « conscience » au sens habituel de ce terme. Tolle propose de déplacer notre idée du « je » vers une autre partie de nous-même, de briser notre identification à notre seule logique ou au « corps de souffrance » que nous portons en nous, c'est-à-dire à l'ensemble des expériences plus ou moins douloureuses qui forment notre passé. Le « je » ne doit désigner que ce que nous sommes à l'instant présent. **Notre passé n'est pas nous.** Notre avenir qui n'est qu'une projection de notre mental ne nous représente pas davantage.

Je trouve cette idée consistant à **déplacer** ma vision du « je » particulièrement puissante. Je n'ai pas choisi ma part animale, mais je ne peux la nier sans fausser totalement ma vision de moi-même. Je n'ai pas non plus choisi ma part mentale, ses complications incroyables et sa froideur mécanique, mais je ne peux davantage nier son existence et son utilité. Je suis constitué de tout cela et de bien d'autres choses que je n'ai pas choisies mais qui existent bel et bien en moi et qui me constituent. Ce que je peux choisir en toute liberté, c'est à quel endroit je décide de situer mon centre. Je peux choisir ce qui me représente à mes propres yeux, ce que je veux développer, ce que je veux exprimer pleinement.

En déplaçant en moi le centre du « je », je détermine l'image que j'ai de moi-même et au final, je choisis d'être qui je veux, sans devoir renier aucune partie de moi-même. **Ma conscience n'est plus une entité minuscule luttant contre les forces obscures de mes instincts**, contre ma culpabilité, contre mon animalité, contre la froideur de mon intellect... **Ma conscience devient le centre rayonnant de tout cela.** Au lieu d'être un roitelet en lutte contre toutes les autres factions du pays, je deviens le roi soleil, la force puissante et tranquille qui règne absolument. Le roi ne contrôle pas ce que fait chacun de ses sujets, mais il en est responsable, dans tous les sens du terme. Et ce n'est pas l'armée qui fait sa grandeur, c'est sa capacité à inspirer ses sujets, à les guider, à donner un sens.

En procédant de cette façon, je n'ai rien changé à mes différentes composantes ni à ma situation du moment. Tout reste exactement à la même place dans ce que je peux observer à l'intérieur comme à l'extérieur. J'ai toujours les mêmes atouts et les mêmes faiblesses, les mêmes opportunités devant moi et les mêmes difficultés à surmonter. Les mêmes hontes et les mêmes sujets de fierté. **Pourtant, tout a changé car je me vois autrement.** Et en me voyant autrement, bien entendu, je vois le monde autrement.

Je ne peux pas changer ce qui est, ce que la vie a fait de moi et ce que j'ai fait moi-même jusqu'à ce jour. Mais je peux changer ma position par rapport à tout cela. Je peux choisir mon intention. L'intention change tout. Elle est la seule véritable liberté que m'offre ma condition.

Le « je » qui me représente ne peut évidemment pas désigner la part de moi-même qui m'a été imposée par mon éducation ou ma culture. Celle-là ne peut constituer qu'un costume, un déguisement, peut-être une camisole. Ce « je » ne peut pas davantage désigner ma personnalité passée ou la somme de mes expériences, Comme le rappelle Eckhart Tolle, le passé n'existe plus. **Je ne peux pas être ce qui n'existe plus.** Mon passé n'est que la prison dans laquelle j'évolue et la prison n'est pas le prisonnier. Je ne suis pas non plus la liste des opportunités qui se présentent à moi, ni celle des difficultés que j'affronte, ni celle de mes compétences, ni celle de mes handicaps.

Le prisonnier n'est ni la prison, ni les chaînes, ni les armes qu'il porte. La seule chose qui me définisse et que je puisse considérer comme « je », est **mon intention, ma volonté d'être**. Bien malin qui pourra dire si cette intention est elle-même le résultat d'un conditionnement, d'un héritage génétique ou le karma d'une âme qui cherche à se réaliser. Et peu importe : je suis elle et elle est la seule chose qui puisse me définir vraiment.

Mon intention s'exprime à travers mes choix de vie. Je suis donc mes choix et rien d'autre.

Pour me connaître moi-même, il me faut cerner cette volonté d'être, découvrir sa trame, comprendre son dessein, s'il existe. Mais la tâche est ardue car mes choix de vie passés et présents sont affreusement embrouillés par les divers conditionnements auxquels j'ai été exposé. Ai-je décidé de me marier et d'avoir des enfants parce que j'y aspirais profondément ou l'ai-je fait parce que « cela se fait », par simple convention ou pour faire plaisir à mes parents ? Ma nature véritable préfère-t-elle que je porte des Nike ou des Adidas ? Difficile de retrouver ma véritable « mission de vie », mon intention profonde, dans ce galimatias.

Je ne peux changer mon passé si confus. Sur ce chapitre, il m'est même difficile de changer mon présent. Il ne suffit pas de se secouer pour faire tomber ses chaînes et ouvrir sa prison. Mais à présent que je connais un peu cette prison, il m'est peut-être possible d'élaborer un **plan d'évasion** qui puisse réussir.

Qu'est-ce qui m'opprime, en vérité ? Qu'est-ce qui empêche ma volonté profonde de s'exprimer ? Pourquoi suis-je amené à faire des choix qui ne me correspondent pas vraiment ?

Je réponds : par fatigue. J'ai tant de choix à faire sans cesse, pour des détails minuscules, comme pour les grands axes de ma vie ! Nike ou Adidas, fromage ou dessert, Isabelle ou Gertrude, à gauche ou à droite, la cravate rouge ou la bleue ????? Des millions de choix, chaque jour, et jour après jour.

Le problème de *l'Homo sapiens* moderne n'est pas l'absence de liberté, bien au contraire ! C'est l'**excès de choix** qui s'offrent à lui. Quarante-cinq variétés de céréales, douze sortes de beurres et soixante-cinq marques de fromages rien que dans l'un des petits supermarchés de mon quartier. Il y a quatre supermarchés dans mon quartier. Comment interroger ma nature profonde à chaque fois que je fais les courses, alors que je n'ai même pas eu l'occasion de goûter tous ces produits et de savoir ce que mon corps en pense.

Je me laisse donc porter par la publicité, par l'avis de mon voisin, par les conventions sociales, par mes modèles culturels…

J'ai des millions de modèles pour m'« aider » à faire mes millions de choix. Le danger consiste à trop les utiliser. Un danger immense, en vérité, car une fois que j'aurai acheté un fromage sur les conseils de mon voisin, il y a de fortes chances pour que je reprenne le même fromage la fois suivante. Bon, quand il s'agit de fromage, passe encore. Mais si je choisis Gertrude plutôt qu'Isabelle parce que ma mère préfère Gertrude, je m'engage sur une pente encore plus dangereuse.

À présent que j'ai compris que mon identité, mon « je » réside entièrement dans mon intention, je réalise qu'à chaque fois que je refuse de choisir, je renie une part de moi-même et je continue à construire ma propre prison.

Mais pourquoi laisserais-je ma mère décider entre Isabelle et Gertrude ? Parce qu'elle va me faire une scène si je choisis celle qui ne lui convient pas. Si on me le demande, **je dirai que je n'ai pas eu le choix**. Malheureusement, Gertrude a mauvais caractère, les dents en avant et pète au lit. Cela va me rendre malheureux. Je vais en vouloir à Gertrude et à ma mère. Je dirais que le monde est injuste et que je n'ai pas de chance.

Ce choix était de ma responsabilité. Mais je me suis laissé déresponsabiliser.

À chaque fois que je fuis mes responsabilités, je me prive de ma liberté de choix et je renie mon identité véritable qui réside entièrement dans mon intention.

À chaque fois que je fuis mes responsabilités, je renforce les murs de ma prison en empilant des pierres sur lesquelles il est gravé : « Ici, je n'ai pas choisi. »

Dieu merci, la prison n'est pas le prisonnier. Quel que soit notre passé, nous pouvons, à tout moment, changer d'attitude et commencer à vivre notre vie pleinement.

En tant que professeur Foldingue, je ne suis pas censé proposer des exercices dans ce livre, Mais si c'était le cas, je me proposerais de recopier cent fois :

- Je ne dirais plus jamais : « C'est pas de ma faute ».
- Je ne dirais plus jamais : « Je suis victime de... ».
- Je ne dirais plus jamais : « Je n'y peux rien ».
- Je ne dirais plus jamais : « Je n'ai pas le choix ».

« Connais-toi toi-même » veut dire : connais tes choix.

« Deviens toi-même » veut dire : prends tes responsabilités.

Le cas d'école qui colle

J'ai retenu de ma culture familiale une croyance en la supériorité de l'intellect sur toutes choses. En petit garçon fidèle, j'ai donc passé une grande partie de ma vie à mépriser mes ressentis et mes émotions, à dévaloriser mes intuitions et tout ce qui ne semblait pas issu d'un raisonnement logique cohérent. Mon corps n'avait pas droit à la faiblesse : il devait se plier à ma volonté sans rechigner, quelles que soient les contraintes que je lui imposais. Je ne cédais à la faim, au sommeil et à la douleur qu'en dernier ressort et jamais sans pester contre les limites de ce corps, cet outil imparfait qui me sert de véhicule terrestre.

J'étais fier de parvenir souvent à « dompter la bête » qui était en moi, fier de chacune des « victoires » que je remportais sur mes émotions, fier de la puissance de mon intellect, sur lequel j'avais investi tous mes espoirs et tous mes efforts et que j'avais réussi, selon moi, à développer au-delà de la moyenne de mes contemporains.

Bien entendu, je souffrais terriblement. Je refusais à une immense part de moi-même le droit à l'existence et à l'expression. Je niais la plus grande partie de mes besoins et je fonctionnais en complet déséquilibre. Peu m'importe de souffrir, pensais-je, je peux surmonter cela, je serai plus fort que la douleur ! Et je trouvais tout cela magnifiquement héroïque. Et d'un certain point de vue, ça l'était.

Plus le temps passait et plus mes relations aux autres devenaient pauvres. J'étais probablement de plus en plus difficile à suivre pour les gens qui m'aimaient. Dans mon souci de perfection, il était toutefois inacceptable qu'ils aient à souffrir ou à subir de quelque façon que ce soit mes choix personnels. Je faisais donc tout ce qu'il m'était possible pour comprendre leurs demandes et y répondre aussi complètement que possible, tout en continuant à me couper de plus en plus de mes propres émotions et de mes propres besoins.

J'aurais sans doute poussé ma démarche à l'infini, développant sans cesse mes capacités à gérer cet incroyable défi, si le bateau n'avait pas soudain commencé à prendre l'eau de façon inquiétante.

À mes yeux, j'étais en train de faire de moi un diamant parfait, poli et repoli, jusqu'à ce qu'il soit débarrassé de toute impureté. Dans la réalité, je me privais de plus en plus de tout ce que mes émotions, mon intuition et ma relation aux autres pouvaient m'apporter. Je m'épuisais dans ma démarche insensée. Je me mis à échouer dans tout ce que j'entreprenais. Alors que je pensais m'être approché de la perfection, j'étais tout simplement devenu « mauvais » en termes de résultats concrets.

Ma situation financière se dégradait, mes rapports humains se dégradaient, ma santé se dégradait. Crois-le si tu veux, ami lecteur, mais cela ne m'a pas convaincu de renoncer à mon idéal. J'avais déjà énormément travaillé sur ma capacité à résister à la souffrance et je crois que j'étais devenu assez fortiche sur ce point. J'ai donc simplement redoublé d'efforts en continuant à croire que toutes mes difficultés s'aplaniraient si j'y mettais assez d'énergie.

Optimisant encore et encore mon intellect et la gestion de mon corps, je suis parvenu à redresser la barre dans le domaine professionnel, renouant avec le succès, tout en régulant à peu près mes problèmes de santé. Mes difficultés relationnelles perduraient, mais je réussissais *grosso modo* à maintenir un *statu quo*.

Alors que je m'approchais dangereusement d'une folie pure et simple, une part de moi s'écroula brutalement et je tombai dans la dépression. Mon orgueil prit alors la claque de sa vie : j'étais censé avoir développé une capacité inouïe à maîtriser mon esprit, le voilà qui me trahissait honteusement et réduisait tous mes efforts à néant. Je m'étais montré faible, j'avais échoué. Et avec cet échec, je perdais ce qui faisait le sens de ma vie.

Grâce à lui, toutefois et grâce à l'électrochoc qu'il provoqua chez moi, je me mis peu à peu à me reconstruire sur une base radicalement différente de celle qui avait été la mienne jusque-là. L'humilité que cet échec m'avait imposée, me permit de travailler sur mon ego et de réduire patiemment son influence sur ma vie. Je remis toutes mes croyances en question et je commençais, lentement mais sûrement, à m'engager sur le chemin du bonheur.

Comme cela se produit parfois, la plus douloureuse de mes épreuves s'est finalement transformée en une merveilleuse opportunité d'améliorer ma vie. Les compétences étonnantes que j'avais dû développer pour faire face au défi absurde qui était le mien, sont aujourd'hui au service d'une autre cause qui me semble beaucoup plus sensée. Le prix à payer a sans doute été plus élevé qu'il ne l'aurait dû. Mais la note est réglée et il me reste un fruit de tout cela.

Quand je porte un regard sur mon ancien mode de fonctionnement, je suis profondément choqué par l'attitude de maltraitance que j'avais vis-à-vis de moi-même. Mépriser et brutaliser un être humain de cette façon est tout bonnement intolérable, qu'il s'agisse de quelqu'un d'autre ou de soi-même.

Je constate hélas une attitude identique chez bon nombre de personnes qui m'entourent. Je ne suis pas le seul à m'être poussé dans mes derniers retranchements. Je ne suis pas le seul à avoir développé des capacités incroyables pour tenter de faire face à un idéal aussi immense qu'absurde. Et je ne suis pas le seul à avoir fait preuve d'une brutalité révoltante envers moi-même.

Quand je constate que l'un de mes amis ou l'un de mes clients agit de la sorte, je le lui fais clairement remarquer. Je crois au devoir d'ingérence quand des actes qui portent atteinte à la dignité humaine sont commis. L'expression peut paraître pompeuse, mais c'est bien de cela qu'il s'agit.

Si tu te brutalises de la sorte, ami lecteur, je te conjure de réviser ton fonctionnement sur le champ. Je ne sais pas si tu pourras m'entendre, mais je le souhaite de tout cœur. Ne confonds pas « fantasme » et « projet ». Choisis des objectifs qui soient à ta mesure et qui te respectent dans ton intégrité. Ne leur sacrifie aucune part de toi-même.

Août

Être sincère avec les autres

« On court vers quelque chose, on trouve autre chose…
On court vers quelqu'un, on trouve soi ! »
Jacques Salomé

En tant qu'animal grégaire, l'être humain ne cesse de rechercher la chaleur et l'attention de son prochain.

L'« autre » peut aussi nous intéresser pour l'exemple qu'il représente, par les connaissances qu'il peut nous apporter, en tant que « maître » ou en tant qu'objet d'étude. Mais la relation humaine est rarement neutre. Nous la vivons le plus souvent comme une sorte de « transaction » à travers laquelle nous tentons d'obtenir respect, amour, estime et reconnaissance.

Attirer l'attention pour obtenir des attentions. N'est-ce pas ce que nous tentons tous de faire, à notre façon ? Certains sont privilégiés par un physique qui provoque d'emblée l'admiration, d'autres ont développé des talents de pitre, travaillent sur leur voix, affichent une attitude digne de pitié ou un look spectaculaire, dérangeant ou au contraire rassurant…

Le pouvoir, la provocation, la critique, la séduction, nous allons jusqu'à nous imposer à l'autre avec violence, parfois, plutôt que de lui être indifférent.

Qu'attendons-nous de cet « autre », au juste ? Pourquoi tant d'efforts incessants et parfois désespérés pour « exister » à ses yeux ? Pourquoi les stratégies que nous développons dans ce but nous laissent-elles souvent avec autant de frustration alors même qu'elles ont fonctionné ? **Pourquoi le cœur de Dom Juan reste-t-il inguérissable alors que toutes les femmes s'offrent à lui ?**

Savons-nous seulement ce qui pourrait nous nourrir, ce dont nous avons faim, dans notre relation à l'autre ? Est-ce plutôt de l'admiration ? Est-ce de l'amour ? Est-ce autre chose, ou tout cela à la fois ?

Et nous-mêmes, que sommes-nous prêts à lui offrir, à part nos demandes imprécises et nos attentes angoissées ? Envisageons-nous nos relations comme des échanges équitables, où chacun pourrait obtenir ce qu'il désire, ou cherchons-nous à « utiliser » l'autre, sans nous soucier de ce qu'il peut vivre de son côté ? Et quand bien même nous aurions cette bonne volonté, saurons-nous entendre ses besoins ? **Saurons-nous exprimer les nôtres ?**

Nos frustrations proviennent le plus souvent d'une vision désespérée de la relation humaine.

Faute de parvenir à établir des échanges sincères et équilibrés, nous portons sur l'autre un regard de prédateur qui le réduit à un produit de consommation, un jouet dont nous pourrions abuser à loisir. Et pire encore, nous sommes prêts à nous réduire nous-mêmes à des produits pour avoir une chance d'être consommés. Habillés et maquillés avec le soin qu'on porte à l'emballage d'un objet de luxe, parfumés comme des voitures neuves, liftés, bodybuildés et retouchés pour correspondre aux standards du moment, nous attendons le client comme Ken et Barbie sur leur étagère. Ni trop bruyants, ni trop discrets, nous nous conformons au modèle « standard » qui nous semble le plus à même d'obtenir l'approbation générale. Nous renoncerons à exprimer ce que nous portons d'unique en nous, ce que nous sommes vraiment et qui meurt de ne pas se faire aimer.

Dans cette démarche, le pire est de réussir. Nous en retirerons un peu de réconfort et de chaleur humaine, au prix d'une frustration grandissante qui rendra notre relation à l'autre de plus en plus douloureuse.

Ce tableau peut sembler abrupt et peut-être cruel. Mais si je m'inscris dans une analyse sincère de mon comportement, je dois reconnaître qu'il décrit une part de ce que je vis. J'ai beaucoup œuvré et souvent triché pour obtenir de l'admiration, du respect et de l'amour de la part des autres. Après en avoir obtenu un peu, j'ai enfin été frappé par un constat paradoxal : **alors même que j'ignore qui je suis, ou ce que je suis vraiment, mon besoin profond est celui d'être aimé et respecté pour moi-même.**

Non pas pour ce que je fais.

Non pas pour ce que je parais.

Non pas pour ce que je donne aux autres.

Si j'utilise mon argent, mes compétences, mes relations ou mon apparence pour attirer et séduire, **je risque de réussir** et d'être aimé pour mon argent, mes compétences, mes relations ou mon apparence, mais en aucun cas pour moi-même. Je vivrai comme un usurpateur dans le costume d'un autre. Et j'en ressentirai une intense frustration qui m'amènera à rechercher de nouvelles relations, encore et encore, jusqu'à ce que je comprenne la leçon.

Je veux, j'ai besoin qu'on m'aime pour moi-même, je veux qu'on me comprenne, je veux qu'on m'accepte, mieux, qu'on **m'accueille** tel que je suis. Je ne veux pas seulement de l'amour, je veux de la compassion. Et pour obtenir tout cela et éviter que mes relations ne soient pour moi qu'**un marché de dupe**, je n'ai d'autres choix que de me livrer tout entier aux autres.

Je ne connais pas de sentiment plus délicieux que celui de me voir pardonner, de me voir accueilli et aimé dans l'une de mes faiblesses ou de mes insuffisances. Quelle délivrance ! Quelle joie profonde et durable ! Mais cela est évidemment impossible si je masque mes faiblesses et mes insuffisances à tel point que nul ne pourra en soupçonner l'existence.

Défense de tricher ! Tel est donc le mot d'ordre qui s'impose à moi pour créer et nourrir des relations satisfaisantes.

Mais comme tout ça est inconfortable ! Tout afficher ? Vraiment tout ? Comment vais-je survivre à la honte, à la colère, au mépris et au rejet auxquels tout cela risque de m'exposer ?

Il me faut avancer peu à peu. Effeuiller mon âme comme une stripteaseuse peu pressée, couche par couche, mesurant à chaque fois l'effet produit. Dois-je montrer d'abord le derrière ? ou le devant ? Je montre, puis je cache, avant de montrer à nouveau. Je joue, finalement, car le jeu permet tout, même la sincérité.

Je suis, bien entendu, le premier (et le plus sévère) spectateur de cet effeuillage. Il m'est impossible de tenter cette démarche de sincérité envers l'autre si je ne joue pas le jeu de la sincérité avec moi-même. Je dois sans doute commencer par accepter l'idée que l'autre n'est encore une fois, que le miroir et le révélateur de moi-même. Un miroir qui m'empêche de me bercer d'illusions et qui m'oblige à mener ma recherche plus loin.

C'est seulement à travers cette recherche que mon rapport aux autres a commencé à m'apporter des cadeaux inestimables. Grâce à ma prudence, ma peur du mépris et du rejet n'a eu que de très rares occasions de se voir alimenter et j'ai découvert avec surprise que la sincérité était une arme de séduction tout à fait remarquable. Je n'ai pas encore terminé mon effeuillage et je ne sais même pas si je le terminerai un jour. Mais plus je me mets à nu et plus je frissonne du plaisir de me voir aimé pour ce que je suis.

Tel que je suis aujourd'hui, l'admiration et la confiance de l'autre me sont encore grandement nécessaires. Mais quitte à œuvrer pour les obtenir, je constate que j'en obtiens finalement davantage en me livrant tel que je suis plutôt qu'en essayant de les gagner ou les imposer par d'autres moyens.

Pour affronter les nombreuses peurs qui m'empêchent de me mettre à nu, je dois d'abord porter un regard plus aimant sur moi-même et m'accorder de la douceur.

Si tu es tenté de t'engager à ton tour sur ce sentier (ce à quoi je ne peux que t'encourager avec enthousiasme !), je t'invite à te référer aussi souvent que nécessaire au chapitre intitulé « S'aimer comme une maman aime son enfant ».

En développant une relation sincère avec mes proches, j'ai pour ma part obtenu les bénéfices suivants :

- Je suis davantage compris et accepté tel que je suis, ce qui est la plus belle chose qui pouvait m'arriver.
- Je progresse parallèlement dans ma démarche de sincérité avec moi-même.
- Je me vois pardonné des erreurs ou des faiblesses qu'on ne me pardonnait pas auparavant. Mon rapport aux autres est plus paisible. Je peux, dès lors, multiplier mes rencontres et mes partages qui sont de plus en plus paisibles et nourrissants.
- J'obtiens de l'aide pour faire face à toutes mes difficultés. Bien plus d'aide que je ne pouvais l'imaginer.

En pratique

Tu dois réaliser que les diverses attitudes négatives qui t'empêchent d'obtenir de la compassion, qui t'empêchent d'avoir des relations profondes et équilibrées avec ton entourage ou avec tes partenaires amoureux, relèvent de l'addiction[1]. Le fait de sortir d'une addiction est très difficile au début mais devient de plus en plus aisé au fur et à mesure que tu progresses.

En affichant tes points faibles, tes incohérences et tes handicaps, en abaissant les masques de protection que ton ego plaçait devant toi, tu commenceras à t'attirer de la sympathie et de la compassion de la part de ton entourage. Néanmoins, les premiers temps risquent d'être particulièrement difficiles car les rancœurs et les blessures que les gens n'osaient pas t'exprimer vont soudain ressortir. Il est possible que les gens que tu as blessés ou gênés ne t'accordent pas tout de suite leur confiance et doutent de ta capacité à changer pour de bon. Si tout cela est trop difficile pour toi, va au-delà de nouvelles personnes et tente de mettre en pratique tes nouveaux comportements avec des gens qui n'auront pas d'*a priori* négatifs vis-à-vis de toi. C'est une sorte de fuite, bien entendu, mais cela peut éventuellement te donner l'occasion de lever une partie des obstacles qu'il te faudra franchir.

N'oublie pas l'essentiel : contrairement à ce que prétend ton ego, **tu as besoin de sympathie, de douceur, de tendresse et d'amour, bien plus que d'admiration ou de pitié**. N'affiche pas tes compétences ou tes handicaps à tout bout de champ. Affiche au contraire tes vrais talents, tes vraies limites et tes difficultés, en toute sincérité, sans les nier ni les exagérer. Parle de tes émotions, qu'elles soient positives ou négatives. Parle de tes difficultés et de tes échecs qu'ils soient extérieurs ou qu'ils concernent ton travail sur toi-même. Explique comment tu essayes d'y faire face et de les surmonter. Montre-toi tel que tu es, sans chercher à enjoliver ni à ternir le tableau.

Quand tu constates que **tes anciens schémas refont surface** et que tu renouvelles des erreurs de comportement, exprime-le immédiatement aux gens concernés. Voici un exemple de formulation qui a bien fonctionné dans mon cas : « Je me rends

1. Les masques que tu portes vis-à-vis des autres ont pour fonction de te protéger. Ils te permettent de cacher des parts de toi-même dont tu as peur ou dont tu as honte. Mais dans le même temps, ils alimentent des formes de relations qui génèrent ces peurs et ces hontes. De même que la consommation de drogue entretient le besoin de drogue, le fait de porter un masque entretient le besoin de porter un masque.

compte que je viens de me comporter comme je le faisais autrefois et cela ne me convient pas. Voici ce que j'aurais dû te dire et que je veux dire à présent… »

Il est possible que tu éprouves parfois de la honte à exposer des parties de toi que tu n'avais jamais osé montrer jusque-là. Tu peux craindre d'être jugé comme faible ou méprisable, ce qui te rendra cette démarche très difficile. Je t'engage à procéder doucement, en commençant par ce qui est le plus facile à exprimer pour toi. Tu pourras constater combien le jugement que tu crains est rare et comment il s'accompagne toujours d'un grand respect pour le courage dont tu fais preuve en t'exposant.

Il pourra t'arriver d'être mal accueilli dans ta démarche de sincérité et cela pourra être très cruel pour toi. Mais si tu as le courage de continuer, tu constateras que ce type de réaction est exceptionnel et que tu tireras un bilan global extrêmement positif de ta nouvelle attitude.

Sincérité ne veut certainement pas dire brutalité. Tu pourras constater qu'une certaine forme de brutalité et de violence prendra place dans tes propos si tu exprimes des choses trop difficiles pour toi. Pour ma part, je t'invite à toujours faire les choses en douceur et sans précipitation. Peu importe combien de temps il te faudra pour atteindre une complète sincérité avec les autres. Peut-être même que n'y arriveras-tu jamais tout à fait. Mais **chaque progrès t'apportera des bénéfices**. Ce qui importe, c'est que tu gardes le cap et que tu ne cesses de te rapprocher de ton objectif.

L'exercice que je te propose pour développer tes aptitudes à la sincérité est le suivant :

- Dresse la liste des gens avec qui ta relation a été désagréable au cours de la dernière année.
- Analyse avec le plus d'honnêteté possible pourquoi tu as mal vécu les choses de ton côté, pourquoi tu as été sensible à tel acte ou telle parole, pourquoi tu as été blessé(e), **qu'est-ce qui a été touché chez toi**, quels sont les éléments de ton passé qui t'ont rendu(e) si sensible et qui ont aggravé ta difficulté à vivre cet acte ou cette parole.
- Prépare des messages pour les personnes avec qui tu as eu ces conflits. Toutes les formes peuvent être envisagées : téléphone, courrier, mail, SMS… Tu devras expliquer tout ce que tu as découvert sur toi dans le point précédent. **Toutes les phrases devront commencer par « je ».** Par exemple, ne dis pas : « Tu m'as énervé », mais : « Je me suis senti(e) envahi(e) par la colère. »
- Essaye de ne jamais interpréter les choses à la place de l'autre : tu peux interpréter tes propres émotions (si cela est vraiment utile),

jamais celles de l'autre. Par exemple, ne dis pas : « Quand j'ai compris que tu étais fâché », mais plutôt : « J'ai vu ton visage devenir rouge, et j'ai pensé que tu étais fâché » (dans bien des cas, tu pourras découvrir que ce que tu as pensé au sujet de l'autre n'était pas juste). Dans la mesure du possible, contente-toi de parler de toi et de ne citer que les émotions que tu as ressenties, sans les justifier, sans les expliquer. Gomme également toute forme de reproche ou de critique de tes messages.

- À présent, choisis quelqu'un que tu aimes et demande-lui de t'aider à corriger tes messages afin d'en faire des messages de réconciliation. Passe autant de temps que nécessaire pour qu'il ou elle puisse comprendre ce qui a été douloureux pour toi dans ces conflits et demande-lui de t'aider à exprimer tout ça, sans tricher, sans embellir la réalité, en étant aussi sincère que possible. Ne demande pardon que si tu es vraiment en accord avec ça. Ne t'excuse que si tu en ressens profondément le besoin. Rien de tout ça n'est indispensable.
- L'exercice est terminé. Si tu trouves que tes messages sont vraiment devenus des messages de réconciliation, tu peux évidemment les envoyer pour de bon aux personnes concernées et tu auras retiré un double bénéfice de ton travail. Mais même dans le cas contraire, tu auras au moins eu l'occasion de présenter à quelqu'un que tu aimes, les parts les plus vulnérables de toi-même. Dans tous les cas, lorsque tu recroiseras les personnes avec qui tu as eu ces conflits, tu pourras constater que les choses se sont améliorées.

Voici une petite pensée pour te guider dans ce travail sur le conflit : tu dois comprendre qu'il n'est pas juste de demander à l'autre de changer. Tant que tu lui proposes quelque chose, tout va bien. À partir du moment où tu commences par vouloir lui imposer quoi que ce soit, de quelque manière que ce soit, tu sors du bon chemin… qui est… **ton propre chemin** !

Le point de vue du professeur Foldingue

J'imagine au moins cinq raisons de manquer de sincérité dans l'image de nous-même que nous proposons aux autres :

- Nous pouvons avoir honte d'une partie de nous-même et vouloir la cacher ;
- Nous pouvons être si fier d'une partie de nous-même que nous cherchons par tous les moyens à la mettre en valeur ;
- Nous pouvons manquer de confiance en nous et croire qu'il nous faut porter un masque (faire semblant) pour être aimable, admirable, ou simplement « acceptable » ;
- Nous pouvons chercher à protéger les autres de nos soucis, de nos difficultés (ce qui revient à manquer de confiance en eux ou dans leurs capacités à gérer ces difficultés) ;
- Nous pouvons avoir peur de blesser ou de gêner les autres en leur exprimant sincèrement ce que nous pensons ou ce que nous ressentons face à eux, à leurs actes ou leurs paroles. Cela peut venir d'un manque de confiance dans leurs capacités à recevoir ce que nous avons à dire, ou encore du sentiment d'être trop maladroit pour réussir à exprimer les choses avec justesse.

Il existe de très nombreuses techniques pour travailler précisément sur ce dernier point : être moins maladroit dans sa manière de dire les choses. Voici deux approches très connues.

La **PAE** (Parent/Adulte/Enfant) est une **analyse transactionnelle** qui nous propose un autre regard sur les formes que prennent nos relations avec les autres. Avec telle personne, suis-je en train de me comporter en parent, en adulte ou en enfant ? Et avec telle autre personne, quel est mon comportement ? La PAE propose l'idée que nous portons tous en nous trois schémas comportementaux qui s'expriment différemment selon nos humeurs et les personnes avec qui nous sommes en relation. Voici ce que cela peut donner :

L'autre
se comporte parfois en…

Moi je me comporte parfois en…	Parent	Adulte	Enfant
Enfant	Je me laisse dominer et infantiliser	Je cherche à déstabiliser l'autre en l'amenant dans mon jeu	Je partage un rêve
Adulte	Je suis dans la compassion	Je vis un échange riche et complet	Je suis dans la compassion
Parent	Je suis dans la confrontation	Je cherche à déstabiliser l'autre en l'amenant dans mon jeu	Je domine et j'infantilise

Cette école de pensée permet de porter un regard plus lucide sur nos relations et sur nous-même et peut nous aider à réorienter notre façon d'aller vers l'autre. Tu trouveras de nombreux livres qui parlent de PAE. Je te conseille par exemple *L'Analyse transactionnelle* d'Agnès Le Guernic aux éditions Iselles.

La **CNV (communication non-violente)** est un regroupement de diverses techniques ayant pour objectifs de[1] :

- Repérer ce qui, dans notre manière de penser et de communiquer, bloque et génère la violence ou, au contraire, facilite la communication et désamorce les conflits ;
- Développer nos capacités à clarifier ce que nous vivons et à exprimer des demandes claires ;
- Apprendre à « décoder » l'agressivité de manière à rétablir ou instaurer un dialogue où chacun se sent reconnu.

Les outils proposés visent à développer les capacités suivantes :

- Énoncer des observations rigoureuses, que nous distinguons et séparons de nos jugements et de nos évaluations ;
- Différencier nos sentiments de nos interprétations et de nos jugements ;
- Découvrir et exprimer nos besoins profonds (aspirations, motivations...) ;
- Présenter nos demandes de façon positive, concrète et réalisable.

Les concepts principaux de la CNV ont été élaborés par l'Américain Marshall B. Rosenberg dans les années 1970 et sont aujourd'hui au cœur de nombreux livres et stages. Tu pourras par exemple lire *La Communication non violente au quotidien* de Marshall Rosenberg aux éditions Jouvence.

Pourquoi tant de haine ?

Le conflit, avec son cortège de souffrances et de peurs, est au cœur de nos difficultés relationnelles. Pourquoi tant de haine ? Pourquoi en arrivons-nous si rapidement à nous crêper le chignon ?

J'ai déjà dit plus haut que la chose qui nous nourrit le plus dans nos relations est la compassion : nous avons besoin d'être compris et acceptés, accueillis et aimés **tels que nous sommes**. Non pas pour ce que nous faisons, pour ce que nous donnons ou pour ce que nous paraissons, mais simplement pour nous-mêmes, avec notre meilleur et surtout notre pire.

1. La définition proposée ici est issue de http://nvc-europe.org.

D'un certain point de vue, la relation est une transaction : quand je reçois, je suis davantage disposé à donner. Et bien entendu, la personne avec qui je suis en relation, porte les mêmes attentes et les mêmes besoins que moi.

Il faut donner pour recevoir. Pour améliorer nos relations, il est donc essentiel de porter un regard lucide sur ce que nous offrons habituellement aux gens que nous croisons et sur les moyens que nous pouvons mettre en œuvre pour améliorer cette « prestation ».

La CNV et la PAE dont je parle plus haut sont autant d'outils que nous pouvons étudier dans ce but. Je voudrais pour ma part te proposer une petite réflexion sur le **respect**, car cette belle valeur humaine me semble tout à fait fondamentale dans la gestion des relations.

Être pleinement respecté, c'est se voir reconnaître le droit d'être ce qu'on est, de faire ce qu'on fait, de penser ce qu'on pense, de ressentir ce qu'on ressent, sans être jugé, critiqué, condamné ou moins aimé pour cela.

Voyons ce que ça donne quand on l'applique à l'autre : **respecter l'autre, c'est lui reconnaître le droit d'être ce qu'il est, de faire ce qu'il fait, de penser ce qu'il pense, de ressentir ce qu'il ressent, sans le juger, le critiquer, le condamner ou l'aimer moins pour cela.**

À partir de cette belle déclaration des droits de l'autre, nous pouvons dresser la liste des choses à ne pas faire :

- Nous ne devons pas demander à l'autre de changer car cela revient à désapprouver ce qu'il est. C'est sans doute la pire façon de saper son estime de lui.
- Nous ne pouvons pas interdire ou autoriser quoi que ce soit à l'autre car nous ne sommes pas juges de ce qui est bien ou mal pour lui. Interdire et autoriser reviennent à infantiliser l'autre et à se placer au-dessus de lui.
- Nous ne pouvons pas désapprouver ce que l'autre pense. Nous ne pouvons pas davantage l'approuver. Dans les deux cas, cela nous place en qualité de juge. Nous devons donc bannir « tu as tort/tu as raison » de nos discours. Dans l'idéal, nous devons même les chasser de nos pensées.
- Nous ne pouvons pas reprocher à l'autre de ressentir ce qu'il ressent (d'aimer ou de ne pas aimer, par exemple). Ce qu'il ressent ne dépend pas de sa volonté mais de ce qu'il est. Cela reviendrait donc à lui reprocher d'être ce qu'il est.

Rassure-toi, ami lecteur, si tu constates que tu pratiques chaque jour, au moins l'un de ces quatre comportements irrespectueux : il en est de même pour moi et pour la plupart des gens que je rencontre. L'art du respect est pour le moins difficile et notre culture n'est pas encore très avancée sur ce chapitre (ce qui veut dire qu'elle a un énorme potentiel devant elle !).

Ces quatre règles sont-elles vraiment applicables ? Comment allons-nous nous respecter nous-mêmes si nous les appliquons ? Comment allons-nous nous faire respecter si l'autre ignore ces règles et ne les applique pas ?

Il nous reste deux atouts maîtres :

- **Nous pouvons proposer (au lieu d'imposer).**
- **Nous pouvons exprimer nos ressentis face à ce que l'autre nous amène à vivre.**

Digne de ce que l'on peut attendre d'un professeur (même Foldingue), j'ai tenté cette expérience. En bon scientifique, je me dois de te fournir son protocole. Le voici :

- Au lieu de dire : « Tu devrais faire ceci/Tu dois faire ceci/Je veux que tu fasses ceci/Il faut que tu fasses ceci/Je te demande de faire ceci/Je te conseille de faire ceci... », j'ai dit : « J'ai besoin/J'ai envie de ceci. Acceptes-tu de le faire ? » ou encore : « Quand tu fais ceci, je me sens bien/je suis heureux ».
- Au lieu de dire : « Ne fais pas ceci/Tu ne devrais pas faire ceci/Je t'interdis de faire ceci/Je ne te conseille pas de faire ceci/Tu n'as pas intérêt à faire ceci/Il n'est pas question que tu fasses ceci/Si tu fais ceci, tu vas le regretter... », j'ai dit : « J'ai peur/Je suis mal à l'aise à l'idée qu'il se passe ceci » ou encore : « Quand tu fais ceci, je me sens triste, je suis mal à l'aise ».

Et voici ce que mes observations impeccablement scientifiques m'ont permis de constater :

- À la simple condition d'avoir affaire à une personne adulte raisonnablement sobre et saine d'esprit, il m'a TOUJOURS été possible de respecter les quatre règles. En me contentant d'exprimer sincèrement mes envies, mes besoins et ce que je ressens, je peux obtenir tout ce que l'autre est en mesure de m'offrir (même de la part de mon banquier). **Il me faut évidemment accepter l'idée qu'il ne sert à rien de demander à l'autre plus que cela.** En proposant mes idées au lieu de les imposer (par quelque moyen que ce soit), j'ai toujours pu exprimer tout ce que je pensais. **Il me faut évidemment accepter l'idée que l'autre n'est pas toujours prêt à partager mes points de vue.**

- Quand je dis qu'il est TOUJOURS possible de respecter les quatre règles, je parle d'un point de vue théorique. Dans la pratique, je suis tombé dans de nombreux pièges qui m'ont bien souvent empêché de le faire. En examinant ces pièges avec la rigueur scientifique qui fait de moi le célèbre professeur Foldingue, j'ai pu constater qu'il était à chaque fois possible de les contourner et que mes échecs n'étaient que le résultat de mon inexpérience.

Je tire de tout ceci la conclusion qu'il n'est pas forcément facile de mettre ces règles en application et que cela demande une pratique suivie et consciencieuse. Le piège le plus subtil que j'ai pu rencontrer est celui qui consiste à dire ce qu'il faut, mais sans y mettre le ton juste. Si tu dis : « J'ai besoin de ceci » sur un ton impératif, cela ne sera pas entendu comme l'expression d'un besoin mais comme un ordre. Pour appliquer mon protocole avec succès, il est donc essentiel d'entreprendre cette démarche avec une totale sincérité. La démarche du respect doit partir du cœur et non pas de la tête.

Au cas où tu souhaiterais à ton tour tenter cette expérience, je te rappelle ci-après mes quatre règles. Pour qu'elles fonctionnent, tu dois les investir de tout ton être et pas te contenter de les appliquer de façon mécanique.

> « Demeure seul, ou alors, si tu choisis l'amitié, accepte l'ami tel qu'il est. »
>
> Bachâr Ibn Burd

Les mots qui fâchent

Ce qu'on nous dit	Ce qu'on entend
Non/Jamais de la vie/Pas du tout/ Absolument pas/Ça n'a aucune importance	Je refuse de t'entendre ou de te comprendre/Je n'ai aucun sentiment pour toi
Je ne suis pas d'accord	Je ne changerai pas d'avis/Tu as tort
Tu dis n'importe quoi/C'est idiot/C'est absurde	Tu es un imbécile/Je te méprise
Écoute.../Écoute-moi	Tais-toi/Ce que j'ai à dire est plus important que ce que tu as à dire
Moi, je.../Personnellement, je...	Attention ! Le maître va parler
Oui, bon, si on veut.../Ça dépend/Pas toujours	Tu n'es pas clair/Tu es imprécis/Tu t'exprimes mal
Tu es.../Tu fais.../Tu dis.../Tu penses...	Je vais te juger car je suis supérieur(e) à toi
C'est faux/C'est vrai/Tu as tort/Tu as raison	Je suis celui (celle) qui sait/Je te juge

Les mots qui apaisent

Ce qu'on nous dit	Ce qu'on entend
Oui/Je suis bien d'accord	Je suis de ton côté/Je te soutiens
Ah bon ? Je ne le savais pas	Tu as la capacité de me surprendre/Tu es intéressant
La vie est belle/Quelle belle journée !/C'était très agréable	Je suis bien quand je suis avec toi
Que penses-tu de... ?	Ton avis m'importe/Tu comptes pour moi
Je comprends/Sans doute/C'est bien possible/Peut-être	Je ne suis pas sûr(e) de bien comprendre ou d'approuver, mais je ne te juge pas
C'est un point de vue qui se défend/Je vais y réfléchir/Ça se discute	Je ne suis pas d'accord, mais je te reconnais le droit de penser de cette façon
Pour ma part, je pense que.../Je me demande si.../Je ne crois pas que.../Il me semble plutôt que...	Je suis ouvert(e) à la discussion/Je suis prêt(e) à entendre ton point de vue
J'ai lu quelque part que.../J'ai vu à la télé.../J'ai entendu à la radio.../Il paraît que...	Je n'ai pas la science infuse
Tu as dû t'éclater.../Ça a dû être dur/ Comment as-tu vécu ça ?	Je suis prêt(e) à entendre ton ressenti

Le cas d'école qui colle

Comme je l'ai déjà exprimé dans le chapitre « Être sincère avec soi-même », mon éducation a fait de moi quelqu'un d'assez dur. On m'a souvent félicité pour la spontanéité et la chaleur de mon sourire, sans remarquer qu'une grande mélancolie se cachait alors derrière lui.

Je m'efforçais de suivre à la lettre deux règles de vie :

- Faire face à toutes les difficultés, le cœur vaillant et sans faiblir ;
- Ne jamais ennuyer les autres avec mes problèmes.

Le héros de mon enfance était Batman. Armé d'un costume et de quelques gadgets de sa propre fabrication il affrontait l'injustice en démontrant des capacités dignes d'un surhomme. Bien qu'il ne soit qu'un humain (Batman n'a pas de super pouvoirs), il ne se plaint jamais. Et mieux encore, il agit de façon anonyme, n'apparaissant en société que sous les traits de Bruce Wayne, un milliardaire distrait, désinvolte, léger et agréable.

À l'adolescence, James Bond prit pour moi le relais de l'homme chauve-souris. Mes hormones tournaient à plein. Encore plus léger et désinvolte que Batman, James Bond présentait l'avantage supplémentaire d'être un grand séducteur, consommant ses conquêtes sur la plage, comme on mange une glace.

Maintenant, je te le demande : une fois que tu as fait chavirer le cœur de ton mannequin suédois pleine de mamelles et que tu l'as emmenée tambour battant au septième ciel, comment organises-tu ta vie de couple avec elle ? Qui fait la vaisselle ? Qui aide les enfants à faire leurs devoirs ? J'ai attentivement regardé les vingt-cinq films de James Bond produits jusqu'à ce jour : aucun d'eux ne fournit la moindre piste concernant ces questions.

Il m'a donc fallu improviser. Ma vie de tous les jours m'a mis face à des situations dont je ne suis pas certain que M. Bond aurait pu se tirer sans mal. Quand, harassé de travail, croulant sous le poids des responsabilités, ma tendre épouse me reprochait de manquer de disponibilité et de spontanéité, j'aurais bien aimé savoir ce qu'il aurait répondu. Pour ma part, je restais fidèle à ma ligne de conduite : ne jamais me plaindre, garder le sourire, toujours faire bonne figure.

Quand la dépression m'a brutalement obligé à changer de cap, sais-tu ce que j'ai déclaré à ma femme ? « Chérie, je suis désolé, pendant quelque temps, je ne vais plus pouvoir être ton héros. » Sans rire.

Je n'avais présenté aux autres qu'une partie de moi-même : la meilleure (selon moi). Tout le monde connaissait mes compétences diverses, ma capacité à être de bonne humeur, ma souplesse dans les conflits, mon ingéniosité, mes capacités d'adaptation... Personne n'avait jamais entendu parler de ma mélancolie permanente, de mes frustrations, de mes colères face aux injustices que je voyais çà et là, de mes nombreuses jalousies...

Alors que je plaçais l'honnêteté au sommet de mes valeurs, je ne me rendais pas compte que j'étais devenu un escroc invétéré : je mentais par omission plusieurs centaines de fois par jour. Avant même de mentir aux autres, je me mentais à moi-même, refusant de m'avouer tout ce que je portais et qui n'était pas digne de James Bond.

Les conséquences de ce manque de sincérité me coûtaient horriblement cher :

- J'affrontais toutes mes difficultés seul, sans bénéficier des conseils ou de l'aide des autres.
- Donnant l'impression que tout m'était facile, que cela ne me coûtait rien, je ne recueillais jamais la reconnaissance que j'espérais obtenir de mes actions.
- Ma façade si lisse déclenchait sans cesse de l'agacement ou de la jalousie.
- Je n'obtenais que très peu d'attentions de la part des autres. Non seulement je n'en demandais jamais, mais je donnais même l'impression de n'en avoir aucun besoin.

J'avais plus ou moins conscience de ces inconvénients, mais mon côté « même pas mal » m'encourageait à serrer les dents sans changer de cap. L'un des éléments qui m'a amené à prendre conscience sérieusement que quelque chose ne tournait pas rond dans tout ça, fut de constater que mon comportement nuisait aussi à ceux qui m'aimaient vraiment et qui pouvaient s'apercevoir de mon manège :

- Je n'étais pas honnête avec eux, ce que certains pouvaient juger comme un manque de confiance.
- Je les privais d'une grande partie de moi. Peut-être pas la meilleure, sans doute, mais cela dépend du point de vue. Je ne me livrais pas et cela a parfois été interprété comme un manque d'amour.
- J'empêchais les gens qui m'aimaient de me venir en aide. J'ai découvert plus tard que nous avons tous besoin de donner autant que de recevoir et je les privais de ça.

- En affichant une façade si lisse et si parfaite, je collais à tout mon entourage un complexe d'infériorité aussi désagréable qu'injustifié.
- En ne m'autorisant pas à afficher mes peines et mes faiblesses, je décourageais les autres de m'afficher les leurs.

En résumé, je renvoyais à tous ceux qui m'aimaient leurs dons d'amour et d'humanité en plein dans la figure, en prétendant n'en avoir aucun besoin[1]. Pas cool.

Ma dépression m'a obligé à afficher mes faiblesses, à reconnaître mes limites, à avouer mes insuffisances... et contre toute attente, cela m'a permis d'améliorer mes relations avec les autres. Je suis désormais mieux compris, accepté et aimé tel que je suis, ce qui m'offre une joie incomparable dans mes rapports aux autres.

Sincèrement, je n'ai pas le sentiment que le fait d'afficher mes points faibles et mes incompétences m'amène à être davantage jugé ou critiqué qu'autrefois. J'ai même le sentiment inverse. Je suppose que le fait d'être plus honnête avec les autres est, d'une certaine façon, désarmant pour ceux qui voudraient se livrer à cet exercice.

Mes relations aux autres sont aujourd'hui plus vivantes, plus riches et plus entières. J'ai compris au final que l'humilité était un vrai réservoir de bonheur. S'il est bon d'être humble, ce n'est pas pour les autres ou dans l'intérêt des autres, c'est pour soi-même, dans son propre intérêt.

1. « En ne voulant pas lui faire de peine, je lui ai fait beaucoup de mal » (Jacques Salomé dans son livre *Si je m'écoutais, je m'entendrais*).

Septembre

Distinguer acceptation et résignation

« La seule chose vouée à l'échec est celle qu'on ne tente pas. »
Paul-Émile VICTOR

À propos de l'acceptation et de la résignation, Eugène Ionesco est l'auteur d'un mot qui reflète assez bien la joyeuse confusion régnant sur ces deux notions :

« Qui est le plus sage ? Celui qui accepte tout ou celui qui a décidé de ne rien accepter ? La résignation est-elle une sagesse ? »

Et paf ! Nous y voilà : l'acceptation, confondue avec la résignation, devient suspecte, voire complice d'une sorte de lâcheté ou de paresse. La langue française est pleine de mots à double sens et ma mission n'est pas de jouer le redresseur de torts dans ce domaine. Il se trouve que ces deux notions sont à mes yeux des clés essentielles pour définir une stratégie de vie gagnante… ou perdante.

Accepter la réalité, c'est être capable de **la voir telle qu'elle est**, avec ce qu'elle comporte de favorable pour moi, mais aussi ce qui m'est défavorable ou ce qui vient contredire ce que je pensais avoir compris de la vie. L'acceptation me permet de savoir où j'en suis, de prendre en compte mes lacunes et mes acquis. Si je nie, si je refuse une partie de ce que mes sens me permettent pourtant de constater, je ne peux accéder à la lucidité nécessaire à ma progression.

Dans le travail sur soi, il n'existe aucun GPS qui nous permettrait de savoir précisément où se trouve l'objectif que nous visons. Tout, absolument tout, est relatif. Mon objectif n'est défini que par rapport à ma position actuelle. Si j'ignore cette position, il m'est impossible de savoir quelle direction prendre pour atteindre mon but. Il se pourrait même que je l'ai déjà atteint sans m'en être aperçu. Dans ma quête du bonheur, je n'ai donc d'autre choix que d'ouvrir les yeux, d'accepter ce que je suis aujourd'hui, même si cela m'amène de temps en temps à une vision qui me dérange profondément.

Si, alors que je suis en voiture, je constate que j'ai été distrait et que j'ai pris une mauvaise direction pour me rendre à ma destination, il me faut accepter cette réalité et agir en conséquence, c'est-à-dire faire demi-tour ! Cela m'oblige à accepter ma distraction et à faire face à l'agacement éventuel que cette perte de temps va provoquer chez moi. Plus je retarde ma décision de faire demi-tour et plus je m'éloigne de ma destination réelle. Si je danse avec la vie[1], je peux aussi décider de changer de destination : puisque je suis engagé dans cette direction, autant en profiter pour faire le plein ou pour aller voir un(e) ami(e)... Mais le fait est que je n'irai nulle part tant que je n'aurai pas constaté et accepté mon « erreur » initiale !

Si, à l'issue de cet incident, j'en arrive à conclure « je suis incapable de prendre ma voiture sans me tromper de chemin », je passe de l'acceptation à la résignation **qui est presque son contraire exact**. La réalité est que « j'ai été incapable ». Et cette réalité peut sans aucun doute s'expliquer de façon objective. J'ai peut-être été distrait par des préoccupations très importantes à mes yeux, ou peut-être que mon inconscient essayait désespérément de me faire passer un message pour me dire qu'il n'était pas bon pour moi d'aller à tel endroit ou qu'il fallait absolument que j'aille voir tel(le) ami(e)...

Je ne saurai peut-être jamais pourquoi j'ai été distrait à ce moment-là, mais ce que je sais avec certitude, c'est que les raisons extérieures pour lesquelles je me suis trompé de chemin et/ou la façon dont j'ai réagi à ces raisons, **appartiennent au passé**. Même si ces raisons existent encore la prochaine fois que je prendrai ma voiture, il n'est pas certain que je me tromperai à nouveau. Cela dépend en grande partie de ce que je décide en ce moment même, alors que je suis en train de réfléchir à tout ça. Si je me dis : « La prochaine fois que j'arrive à ce fichu carrefour, je prends deux secondes pour me demander où je dois tourner », il y a de fortes chances pour que mon prochain trajet me mène directement au bon endroit. Et même si cela échoue la prochaine fois, il est certain qu'à force de me répéter des messages de ce type, ou peut-être simplement parce que les raisons qui m'amenaient à me tromper auront disparu, je vais finir par réussir à faire mon trajet sans me tromper.

La réalité objective, c'est que **je suis** capable de prendre ma voiture sans me tromper de chemin. C'est simplement une question d'énergie, d'investissement personnel et peut-être de

1. Voir le chapitre correspondant : « Nous ouvrir et danser avec la vie ».

temps. En me résignant, en me disant que j'en suis incapable, je refuse la réalité afin de me déresponsabiliser, de me décharger du poids de mes lacunes, afin d'éviter l'effort de m'investir dans cet objectif.

Il est vrai que sur le moment, la résignation est extrêmement confortable : **plus besoin de réfléchir**, plus besoin de remettre ma façon d'être en question, plus besoin de m'adresser des reproches à moi-même. Je suis comme ça et puis tant pis, ça n'est sans doute pas de ma faute, c'est à cause de tous les problèmes que la vie me cause... Oui, cela soulage, cela repose, cela apaise... et si je suis dans un grand état de fatigue, j'ai désespérément besoin de ce repos et de ce soulagement et je me résigne beaucoup plus facilement.

Malheureusement, en me disant que je suis incapable de prendre ma voiture sans me tromper, **je me prépare beaucoup de souffrances à venir**. Pour commencer, il est très probable que je me tromperai encore de chemin la prochaine fois que je prendrai le volant, ce qui va à nouveau m'agacer et me renforcer dans ma conviction négative (je suis décidément incapable !). Mais cela n'est pas le pire : cette résignation me dévalorise à mes propres yeux et prépare le terrain à d'autres dévalorisations à venir. Si je me crois incapable de ceci, je me croirai plus volontiers incapable de cela. Sans doute que je deviendrai en effet incapable de cela, ce qui me renforcera dans mes croyances négatives sur moi-même.

La résignation entraîne la dévalorisation et, avec elle, la chute en cascade de la confiance, de l'estime et de l'amour de soi. Il s'ensuit une intense fatigue émotionnelle qui nous est infiniment plus douloureuse que ne l'aurait été le fait d'affronter la réalité en face, sur le moment.

À chaque fois que je me résigne sur un sujet donné, je me ferme une porte vers une évolution possible, vers un autre possible que je portais en moi. Porte après porte, je restreins mon univers et, du même coup, l'univers dans lequel j'évolue. Le monde rétrécit et se referme peu à peu sur moi, me donnant l'impression de vivre en prison. Il ne s'agit là que de mots, bien sûr, d'une analyse un peu froide de cette mécanique infernale. La réalité de cette situation est un désastre d'une telle horreur que les mots ne peuvent le décrire en aucune façon.

Il arrive que l'ego se rebelle, redresse la tête avec violence et tente d'imposer par la force, un nouvel ordre qui cesse de contredire les mythes que l'on porte en soi. Plutôt que d'accepter la réalité pour ce qu'elle est, je vais tenter de la changer pour la faire correspondre à mes croyances. C'est ainsi que naissent toutes les horreurs dont l'humanité est capable, par ce moyen désespéré de lutter contre la résignation.

Il est pourtant possible d'accepter le monde pour ce qu'il est et de vouloir tout de même le changer ! J'accepte sa réalité, j'accepte la suite d'événements qui nous a menés jusque-là, j'accepte les limites que cet existant m'impose, j'accepte les potentiels qui se dégagent de cette situation et je décide, en pleine conscience, de favoriser tel potentiel par rapport à tel autre... et pour peu que ma vision de départ soit assez juste, je réussis bien plus facilement à apposer ma marque sur la réalité.

Pour ma part, mon travail sur la résignation a été une clé de libération fantastique. J'y ai trouvé les avantages suivants :

- J'ai repris conscience de mes capacités réelles dans des domaines qui me semblaient inaccessibles. Cela m'a permis de devenir plus autonome et de ne plus représenter une charge pour les autres dans ces domaines.
- J'ai ressenti cette autonomie comme une liberté. Je peux aujourd'hui construire des projets plus variés et plus audacieux.
- Autrefois, j'avais confiance en moi. Je me sentais capable d'être fiable dans les secteurs où je me savais compétent. Ce travail m'a permis de développer mon estime de moi. Je me sens désormais capable de faire face à l'imprévu et de réagir au mieux dans n'importe quelle situation.
- Mes faiblesses et mes insuffisances ne m'agacent plus. Je n'en fais plus une montagne. Cela me permet de mieux les accepter et de pouvoir plus facilement les gérer et/ou les dépasser.
- **Le monde me semble plus grand et plus riche d'opportunités.**

En pratique

Voyons comment faire la différence, comment savoir si une affirmation donnée correspond à une acceptation ou a de la résignation :

- L'acceptation s'applique pleinement à tout ce qu'il est impossible de changer. Les faits dont tu n'es en aucune façon responsable doivent être acceptés sans réserve pour ce qu'ils sont : tu es humain, tu as besoin de manger et de dormir, etc. Tout ce qui appartient au passé entre également dans cette catégorie (je te rappelle en effet qu'il est impossible de changer le passé). En ajoutant les mots « jusqu'à présent » devant les affirmations liées au passé, tu réussiras à en faire une acceptation au lieu d'une résignation. Par exemple : « Jusqu'à présent, je me suis toujours trompé de chemin » au lieu de « Je me trompe toujours de chemin ». Tu peux également commencer ta phrase par « autrefois » si tu as le sentiment net que la situation ne se reproduira plus.
- Le piège principal réside dans les situations qui ne nous conviennent pas, qui perdurent depuis longtemps et auxquelles nous ne voyons pas d'issue. Elles appartiennent à la fois au passé et au présent. Par exemple : « Je n'arrive pas à m'arrêter de fumer ». En ajoutant les mots « pour le moment » devant ce type d'affirmation, tu réussiras à en faire une acceptation au lieu d'une résignation. Par exemple : « Pour le moment, je n'arrive pas à m'arrêter de fumer », ou encore mieux : « Pour le moment, je n'ai pas réussi à m'arrêter de fumer ».
- L'acceptation ouvre des portes vers un avenir meilleur. Elle favorise l'espoir tandis que la résignation favorise le désespoir. En affirmant « Jusqu'à présent, je me suis toujours trompé de chemin », tu ouvres la porte à « mais cela peut changer », alors qu'en affirmant « Je me trompe toujours de chemin », tu donnes à « toujours » le sens terrible de la condamnation. La seule porte ouverte donne alors sur le vide de « et je me tromperai toujours ».

Le fait de reformuler tes phrases de cette façon peut te sembler dérisoire. Tu as peut-être envie de dire : « Ça n'est pas ça qui va changer les choses. » Et en effet, ça n'est pas ça qui change les choses. Ce que change cette nouvelle façon de parler des choses, c'est le regard que tu portes sur elles. Et **ce regard détermine entièrement l'attitude que tu auras désormais face à la vie**. Il ne change ni le passé ni le présent immédiat, mais il change totalement ton futur. Et pour peu que tu adhères à ce que tu es en train de lire, cela a déjà changé ton présent, celui qui est là, maintenant, pendant que tu lis ces lignes.

Les résignations qui ont été les tiennes jusqu'à ce jour, ont implanté en toi de nombreuses croyances négatives et dévalorisantes qu'il te faudra peut-être du temps pour nettoyer. Cela n'est pas une réalité réjouissante. Mais cette même réalité contient également au moins un aspect formidablement joyeux et dynamisant : tu peux commencer à mettre fin à tes résignations en ouvrant simplement tes yeux sur ce qui est. En cessant de tricher et de masquer une partie de la réalité, tu rouvriras peu à peu les portes du possible.

Il faut une certaine force pour accepter la réalité telle qu'elle est, pour ne pas se laisser aller à la facilité de la résignation, pour assumer **toute la puissance que tu portes en toi** et toute la responsabilité que cette puissance implique. Si la vie t'a poussé trop loin dans le processus de résignation, il est possible que tu ne parviennes plus à trouver les ressources qui te permettraient de renverser ce processus et de retrouver la liberté que tu as perdue. Je te conseille dans ce cas de commencer par te rafraîchir en relisant le chapitre intitulé « S'aimer soi-même » et en pratiquant l'exercice qu'il propose.

Il existe des millions de façons de fuir et de se mentir à soi-même. Il est donc possible que ton mental tente de récupérer cette nouvelle façon de dire les choses (« pour le moment je n'y arrive pas…, jusqu'à présent je n'y suis pas arrivé… ») pour te déresponsabiliser encore une fois, en plaquant sans arrêt cette formulation sur tout ce qui ne fonctionne pas dans ta vie, sans chercher en aucune façon à le changer. Si tu constates que cela se produit, aie le courage encore une fois de regarder la réalité en face, d'accepter l'existence de ce processus de fuite (sans t'y résigner) et d'y mettre fin. L'acceptation ouvre des portes, mais c'est à toi de les franchir ! Le travail sur soi-même implique toujours une profonde implication de la volonté.

Ce dont tu dois clairement prendre conscience, c'est qu'à chaque fois que tu parviendras à vaincre la résignation, tu te libéreras de l'énergie, de la joie de vivre et de la force pour les fois suivantes. Il y a un décalage entre le moment où tu mobilises ton énergie pour résister à la résignation et le moment où tu récupères cette énergie décuplée. Le plus difficile est donc de lancer le mouvement. Le reste est une question de patience.

L'exercice

Voici ce que je te propose de faire pour ramener de l'objectivité dans le regard que tu portes sur toi-même : sur une feuille A4, laisse une marge de quinze centimètres sur la partie gauche de la feuille et dans la partie restante, dresse la liste de tes incompétences : bricolage, mathématiques, sport, attitudes au travail, talents artistiques, aptitudes relationnelles… Essaye de passer en revue tout ce qu'il t'a semblé impossible de réussir jusqu'à présent, en raison d'un manque de compétences de ta part. Une fois cette liste dressée et pour chacune de ces lignes, pose-toi la question suivante : si j'avais le temps, l'argent et les contacts nécessaires (coaches, formateurs, médecins ou autres), pourrais-je progresser dans cette compétence qui me manque ? Pourrais-je l'acquérir, au moins en partie ? Si tu n'es pas certain de la réponse à cette question, tu peux te poser une autre question simple : suis-je absolument certain, sans le moindre doute possible, que je n'aurais **jamais** cette compétence ? S'il s'agit d'un handicap physique, je t'invite à penser aux innombrables progrès que la médecine a accomplis ces dernières années, y compris en chirurgie. S'il s'agit d'un handicap psychique, songe à l'incroyable plasticité du cerveau humain et aux miracles d'adaptation dont nous sommes capables.

À chaque fois qu'il te semble finalement possible de surmonter ton incompétence, inscrit devant la ligne correspondante (dans la partie gauche de la feuille) : « Pour le moment ». Si la ligne en question était : « Je ne sais pas chanter », elle devient après correction : « Pour le moment, je ne sais pas chanter. »

Une fois ce travail terminé, prends le temps de relire entièrement ta feuille et imprègne-toi du sens nouveau pris par tes affirmations. Choisis la compétence que tu souhaites le plus fortement développer et si tu ressens une forte envie de repousser tes limites dans ce domaine, mets tout de suite en place un projet la concernant : qui va pouvoir t'aider dans ta démarche ? Un ami ? Ton/ta conjoint(e) ? Un psy ? Un professionnel du domaine concerné ? Un formateur ? Quelle que soit la compétence que tu souhaites développer, nul doute qu'il existe quelqu'un qui peut t'aider pour cela !

Pour finir cet exercice, je te propose de réfléchir à cette question :

Y a-t-il une seule chose qu'il te soit réellement impossible de réaliser ?

Ma conviction est qu'il n'y en a pas. Dans les arguments que tu pourras développer face à cette conviction, demande-toi honnêtement lesquels tu peux abandonner dès maintenant. Le but de ce dernier travail n'est pas de me donner raison mais de te libérer des croyances qui empêchent ton épanouissement !

Le point de vue du professeur Foldingue

« J'attends de Dieu qu'Il me donne l'humilité pour accepter
ce qui ne peut être changé, le courage pour changer ce qui peut l'être,
et la sagesse pour distinguer l'un de l'autre. »
Sœur Emmanuelle d'après Reinhold NIEBUHR et Marc-Aurèle

Dans le cinquième épisode de *La Guerre des étoiles* (le second, dans l'ordre chronologique de tournage), Luke suit l'enseignement de maître Yoda. Voici un extrait de leur dialogue[1] :

Yoda : Prends garde au côté obscur : colère, peur, agressivité, le côté obscur de la Force, ils sont. Facilement ils coulent, prompts à te rejoindre dans un combat. Si tu commences à descendre sur ce chemin sombre, éternellement il va dominer ton destin, il te consumera comme il a consumé l'apprenti d'Obi-Wan.

Luke : Hum… Vador… Le côté obscur est-il le plus fort ?

Yoda : Non, non, non. Plus rapide, plus facile, plus séduisant.

Luke : Mais comment vais-je distinguer le bon côté du mauvais ?

Yoda : Tu sauras… lorsque tu es calme, en paix, passif. Un Jedi utilise la Force pour la connaissance et la défense, JAMAIS pour l'attaque.

Plus rapide, plus facile, plus séduisant, tel est le sombre chemin qui descend vers la résignation et qui menace de nous consumer. Il m'est arrivé de rencontrer des personnes mûres ou âgées qui avaient suivi ce sombre chemin et que je retrouvais en effet totalement consumées par « la colère, la peur et l'agressivité » dans lesquelles la résignation peut nous entraîner[2]. Deux choses m'ont particulièrement peiné et frappé dans leurs discours : la fermeture presque totale à l'idée du changement et le refus d'un nombre effarant d'options possibles : « Ça ne me dit rien, je ne veux plus vivre ça, ça n'est pas bon pour moi, ça ne me convient pas, je ne suis pas fait pour ça, je déteste ce genre de chose, c'est un attrape-couillon, il faut se méfier de ça, je ne me ferai plus jamais avoir de cette façon, ça ne sert à rien, ça ne mène nulle part, etc. »

À l'inverse, l'acceptation nous rend « calme, en paix, passif ». Mais cette passivité n'est pas le contraire de l'action, elle est le contraire de l'agitation inutile. L'action liée à l'acceptation est

1. La version proposée ici est une traduction personnelle du dialogue original en américain.

2. « Nous commençons à vieillir quand nous remplaçons nos rêves par des regrets » (SÉNÈQUE).

minimaliste. Une fois la réalité prise en compte, il suffit d'agir très peu pour obtenir ce que l'on désire. Tout comme pour les produits de vaisselle de bonne qualité, « quelques gouttes suffisent ! »

La beauté de l'humanité est de porter le rêve d'un « autre » futur. Et nous rêvons tous en effet, de transformer le monde, d'inscrire dans la matière cette vision que nous portons en nous, de changer les choses, de bouleverser l'ordre établi.

Ce n'est pas cette volonté de changement qui pose problème, c'est la colère et la frustration de ne pas y aboutir. L'homme n'est pas « mauvais ». Il n'est pas violent de nature, il le devient sous le coup de la souffrance. Et cette violence n'a que deux voies de sortie : vers l'extérieur où elle va s'exprimer par la domination et l'oppression, ou vers l'intérieur où elle va consumer celui qui la porte.

La cruauté de notre situation réside dans une terrible vérité : certains rêves ne sont tout bonnement pas réalisables. Du moins pas tout de suite, ou alors pas « en l'état ». Ils demandent à être adaptés, remaniés, réinterprétés, avant de pouvoir s'inscrire dans le réel. **La création résulte d'un accouplement entre un rêve et la réalité.** Le rêve n'est que l'un des deux géniteurs du projet auquel il aboutit. L'autre géniteur est le réel, et l'enfant qui naîtra de cette union ne portera qu'une partie des gènes de chacun. La question est : **Sera-t-il le résultat d'un acte d'amour ou celui d'un viol ?**

Quel que soit le rêve, qu'on veuille construire Utopia[1] ou inviter sa belle à dîner, le problème est toujours le même : il nous faut tenir compte de la réalité si nous voulons donner à notre rêve une chance de se voir réaliser.

Lorsque nous échouons dans cette tentative, toute la difficulté est de déterminer s'il faut « rogner » encore un peu le rêve pour le faire cadrer avec la réalité ou s'il faut renouveler la tentative en utilisant d'autres moyens.

L'acceptation de cette réalité, sa prise en compte complète, la lucidité que nous développons dans ce but, sont des armes extraordinaires pour dénicher de nouveaux moyens de transcrire nos rêves dans le réel. Le monde (et surtout le monde moderne) est une mine de ressources absolument incroyable dans laquelle il nous

1. *Utopia* (*L'Utopie*) est un livre de Thomas More, parut en 1516, dans lequel il décrit une société idéale dont chaque membre connaît le bonheur parfait. Le succès considérable de cet ouvrage a fondé le mot « utopie » et donné naissance au genre littéraire du même nom. Deux siècles plus tard, dans *Candide*, Voltaire reprend l'idée d'Utopia et imagine une cité parfaite qu'il baptise « Eldorado ».

faut apprendre à puiser. C'est là qu'il nous faut investir la majeure partie de notre « force ». Yoda propose « la connaissance et la défense ». J'y ajouterais la compréhension. Le mot « comprendre » porte une symbolique puissante : il peut avoir le sens d'« inclure », comme dans : « Cette population comprend plusieurs sortes d'individus » et il est basé sur la même racine que « prendre ». « Comprendre », c'est donc « prendre avec soi ». **« Comprendre le monde », c'est le prendre avec soi, le faire sien, se l'approprier avant même de chercher à le changer.**

Car j'approuve Yoda lorsqu'il affirme que le Jedi n'utilise JAMAIS la « Force » pour l'attaque. La transcription du rêve dans la réalité, c'est-à-dire **l'acte de création, doit être un acte d'amour**. Pour qu'il se réalise pleinement, il nous faut accepter, non seulement d'adapter notre rêve au réel, mais aussi de nous adapter nous-mêmes, de nous transformer en même temps que nous transformons le monde[1].

« Transformer », voilà encore un joli mot ! Littéralement, il dit « changer de forme ». Celui qui veut transformer le monde doit accepter de se transformer par la même occasion, c'est-à-dire changer de forme (tout en préservant son âme). En acceptant cette transmutation, il reste au contact de son rêve, il l'accompagne dans son voyage vers le réel. Si, à l'inverse, le créateur reste rigide dans sa forme, il finit par perdre contact avec son rêve et par le perdre tout court.

Dans le chapitre « Être sincère avec soi-même », je propose l'hypothèse que l'ego s'oppose vivement à notre transformation. Il est notre force de cohésion, le gardien de notre identité, et résiste à toute forme d'évolution.

Plus nous sommes en souffrance et plus l'ego domine nos vies, plus il nous pétrifie. L'ego encourage malheureusement le processus de résignation en nous persuadant que le monde n'est pas fait pour nous, ou que nous ne sommes pas faits pour le monde (ce qui revient au même), car il crée ou renforce une sorte de barricade de protection entre nous et le monde. **L'ego semble ignorer que le monde change en permanence et que, malgré tous les efforts qu'il pourra déployer, nous changeons tout aussi inexorablement.**

Lutter contre ce changement est absurde : cela revient à lutter contre le temps qui érode, qui déplace, qui chahute parfois, et que rien ne peut retenir. L'ego absorbe une immense partie de

1. Dans *L'Art de la guerre*, Sun-Tzu propose une idée très proche et qui affirme en résumé : *Si tu ne peux vaincre ton ennemi, fais-en ton allié.*

notre énergie (ou de notre « Force » pour reprendre le discours de Yoda) dans un combat stérile contre ce mouvement. La bonne utilisation de notre énergie consiste au contraire, à l'accompagner et à la diriger dans la mesure de nos moyens. Ne plus lutter contre le vent, ne plus nier son existence, mais l'utiliser pour avancer, quitte à tirer des bords.

Une fois correctement orientée, notre « force » dégage alors toute sa puissance et nous constatons que notre pouvoir sur le monde devient considérable. Notre véritable identité, notre âme (notre volonté), n'en seront pas changées. Notre forme, seule, aura évolué.

Le cas d'école qui colle

Dans ce livre, j'aborde la question de la foi avec une sorte de retenue, et ce pour plusieurs raisons. D'abord parce que je considère que c'est une question éminemment personnelle et qu'il me semble presque impudique de gloser sur ce sujet. J'estime, peut-être à tort, qu'il est un peu facile de proposer comme slogan du bonheur : « Crois en Dieu et tout ira mieux. » « Croyez en Dieu » me semble une proposition absurde dans la mesure où la foi ne se commande et ne se décide pas. Dans le chapitre intitulé « Arrêter de réfléchir », le professeur Foldingue nous offre un beau descriptif du cerveau humain composé du cerveau reptilien, du système limbique et du néocortex. Toutes nos croyances prennent naissance et sont gérées par le système limbique. Ce n'est donc pas en proposant « Crois en Dieu » à mon néocortex que je peux faire avancer les choses.

Par ailleurs, ma position sur le sujet de la foi n'est pas franchement orthodoxe (c'est le cas de le dire !). Si tu m'avais demandé il y a encore un an si je croyais en Dieu, je t'aurais sans aucun doute répondu « non » en accompagnant ce « non » d'un long discours pour expliquer ma position. Mais peu à peu, cette position se clarifie et je suis de plus en plus enclin à répondre : « Oui, mais… peut-être pas au même dieu que toi. »

J'ai décidé, pour chacun des chapitres de ce livre, de proposer à travers la rubrique « Le cas d'école qui colle » une anecdote intime, une tranche de ma vie correspondant au thème du chapitre concerné. Il se trouve que j'ai eu plusieurs fois l'occasion de constater, pour moi comme pour mes proches, que nous avons besoin de croire en quelque chose de plus grand que nous. Un besoin aussi essentiel que celui de respirer ou de se nourrir. Je veux dire par là que sans une foi quelconque, même vague, ténue et insaisissable, il nous est impossible de tenir debout. Je vais donc, concernant le thème de l'acceptation, aborder ce sujet si délicat pour moi, de mon rapport à la foi.

Je dois commencer par dire que pendant une grande partie de ma vie, j'ai entretenu une rancune tenace et assez virulente contre l'Église chrétienne.

Le changement de culte était il y a peu, et sans doute encore aujourd'hui pour beaucoup, vécu comme une trahison à son clan, à sa famille. On est catholique, protestant ou juif, de mère en fils. On peut éventuellement se déclarer « hors jeu », c'est-à-dire athée, mais il est extrêmement délicat de choisir une autre religion que celle de son clan.

Puisque je refusais la foi catholique, malgré mon baptême et le catéchisme qui me fut imposé à l'âge de quatre ans (l'instruction religieuse était obligatoire dans mon école), je ne pouvais être qu'athée. Et c'est bien ainsi que je me suis longtemps défini.

Le respect devant l'immensité et la beauté de l'Univers, devant la nature et ses incroyables merveilles, devant le miracle de la Vie, était pourtant solidement implanté en moi, mais je ne pouvais mettre un nom là-dessus. Ce respect ne fit que croître au fur et à mesure de ma découverte de l'astrophysique, de la physique quantique et surtout de la biologie. Faites-vous décrire par un spécialiste, le processus de formation d'un embryon : je vous mets au défi de ne pas être éperdus d'admiration devant l'incroyable ingéniosité de la Vie. La façon dont nos organismes sont fabriqués est tellement complexe et improbable que cela dépasse à proprement parler l'entendement.

Cela ne changea strictement rien à ma colère contre l'Église. L'athéisme déclaré de mes parents m'évitait de subir la corvée de la messe et l'humiliation de la confession. Mais il ne m'épargnait pas les notions judéo-chrétiennes qu'ils m'avaient transmises malgré eux et qui me pourrissaient cruellement la vie : l'idée du sacrifice, le principe de culpabilité qui imprégnait chacun de mes actes et chacune de mes pensées, le péché originel, l'idée que chaque plaisir à un prix... Aujourd'hui encore, j'éprouve une immense tristesse à l'idée que des concepts aussi mortifères et destructeurs ont été imposés à plusieurs centaines de générations à travers l'histoire. Je ne peux relire l'Ancien Testament sans être absolument horrifié par l'image de Dieu qu'il nous propose : jaloux, colérique, suspicieux, rancunier... et je suis effaré de constater que ce texte figure encore dans les canons[1] des trois principales religions occidentales.

Je m'excuse humblement auprès de toi, ami lecteur, si ces propos te blessent ou te choquent. Je ne fais qu'exposer mes sentiments dans la démarche de parfaite sincérité qui me semble indispensable à ce livre. Je ne t'invite en aucune façon à me rejoindre dans les idées que j'expose ici, et qui n'ont d'autre but que de te permettre de suivre le cheminement de ma pensée.

1. Au sens religieux, un canon est ensemble de textes datant d'une époque donnée ou issu d'une source commune.

Le fait est que cette colère m'aveugla pendant des années et m'amena à répondre très vite et très fort « non » à la question concernant ma foi en Dieu.

Ce n'est que bien plus tard que je découvris ce qu'était l'agnosticisme. Connais-tu ce mot aux consonances barbares ? Voici la définition qu'en propose Wikipedia : « Étymologiquement, le mot «agnostique» vient du grec «*agnôstos*» qui signifie «ignorant». L'agnostique n'a donc pas la connaissance, mais, comme l'Éros de la mythologie grecque, il est à la recherche de celle-ci. Toujours dans le doute, il n'est pas en mesure de trancher, même dans une réflexion purement personnelle, sur l'existence ou non d'une quelconque Entité Divine. Son scepticisme le pousse à constamment s'interroger, remettre en question et analyser les croyances et les pratiques religieuses ».

Voilà donc ce que j'étais : agnostique ! Car en effet, bien que rejetant la religion de mon baptême, je ne cessais de m'interroger sur ce sentiment profond, ce respect plein d'humilité que je ressentais face à la Nature et à la Vie.

Mais pour ce qui est de l'humilité, j'avais (et j'ai sans doute encore) pas mal de choses à apprendre. La vie se charge de me mettre au pas. Elle me montre mes limites et me démontre de plusieurs façons que toutes mes certitudes (je dis bien toutes !) reposent sur du sable. Et plus la vie me montre mes limites et la vanité de mon existence, plus je me sens dérisoire face à l'infinie beauté de l'Univers.

Adolescent, je me voyais comme un fier chevalier partant conquérir les richesses et le savoir par la force de mon courage et de mon ambition. Aujourd'hui, je me vois comme le très heureux locataire d'une existence dont je n'ai pas réussi à contrôler grand-chose et qui m'apporte pourtant des joies extraordinaires.

Et plus mon ego rétrécit devant ce constat et plus le monde me semble grand et riche de surprises et de ressources. Alors oui, sans aucun doute, j'ai aujourd'hui une conscience aiguë qu'il existe quelque chose de plus grand que moi.

Ce plus-grand-que-moi, je l'ai déjà baptisé « Univers », « Monde », « Nature », « Vie »... Désormais je vais faire simple : disons que je crois en Dieu. C'est sans doute la façon la plus simple, en effet, d'exprimer ce sentiment profond, et après tout, le nom de Dieu n'appartient pas à l'Église, je peux l'utiliser à mon propre usage.

Dieu a-t-il une barbe ou non ? Je m'en moque. Je ne suis plus agnostique. Je ne m'interroge plus sur la nature de Dieu ou sur ce qu'il convient de penser de lui. Ces questions sont hors de ma portée et sont classées pour moi dans la rubrique « cogitations sans issue ».

Ma foi restera probablement pour toujours, quelque chose de très vague du point de vue de ma pensée rationnelle. Peu m'importe : ce n'est pas là qu'elle a besoin d'exister. Dieu est-il vraiment tout-puissant ou son pouvoir est-il limité d'une quelconque façon ? « Cogitation sans issue ». Dieu a-t-il une volonté ou est-ce une force aveugle ? « Cogitation sans issue ».

Dieu est-il bon, est-il méchant ou est-il neutre comme un Suisse ? Dieu est. Le reste appartient au regard que je porte sur lui.

Mais peut-être, ami lecteur, que tu t'interroges depuis le début de ce discours sur une tout autre question : « Qu'est-ce qui lui prend de nous parler de Dieu dans un chapitre sur l'acceptation ? »

Les deux questions me semblent intimement liées. Si je me crois plus fort que la réalité, si je crois que je peux la dompter et la faire **plier à ma volonté**, je ne peux pas m'inscrire dans une démarche complète d'acceptation. Du moins pas au sens où je t'en parle. La pleine acceptation du réel, telle que je la conçois, est une démarche qui s'appuie d'abord sur l'humilité. Si tu n'as pas la conviction intime que l'Univers est plus grand et d'une certaine façon plus « magique » que ton « je », que ton identité, il n'y a aucune raison pour plier devant lui. Tu ne l'accepteras pas en tant que force inamovible et incontournable. Tu chercheras toujours, d'une façon ou d'une autre, à le façonner selon ta volonté.

Si telle est ta façon de voir, je la respecte très sincèrement. Je fais simplement remarquer qu'elle n'est pas compatible avec mon discours sur l'acceptation.

Si, par contre, tu partages mon sentiment qu'il existe quelque chose de plus grand que toi, je suis heureux de te proposer cette pensée : « Après tout, peut-être que tu crois en Dieu[1] ? »

1. Et si tu pousses encore ta réflexion sur les chemins que je te propose tu en arriveras peut-être au même résultat que moi : *La vie a-t-elle un sens ? → Cogitation sans issue*. C'est là l'aboutissement possible de ma démarche d'humilité : j'accepte de vivre en laissant la question du sens dans les mains de Dieu. Je sais ce dont j'ai envie au quotidien, je sais ce qui m'apporte du plaisir et de la joie. Tout le reste, je l'ignore. Cent mille ans d'intenses cogitations n'y changeront rien.

Octobre

Abandonner le jugement

« Finissons-en avec ces jugements les uns sur les autres. Jugez plutôt qu'il ne faut rien mettre devant votre frère qui le fasse butter ou tomber. »

Épître aux Romains – 14:13

Je vais commencer par un résumé très ironique de ce chapitre :

Le jugement, c'est mal ; le non-jugement, c'est bien !

Et nous voilà en pleine confusion : comment parler du non-jugement, sans juger le jugement ? Pour commencer, d'où vient cette idée qu'il ne faudrait pas juger ? **Où est le problème ?**

L'idée provient sous doute des textes religieux. Car si les philosophes grecs se sont intéressés au jugement et à la subjectivité d'un point de vue strictement analytique, les textes fondateurs de toutes les religions (y compris les plus anciennes) comportent d'innombrables extraits qui soulignent les méfaits du **jugement d'autrui**[1] et encouragent la tolérance, la miséricorde et la compassion.

---

1. La pensée bouddhiste ne condamne pas réellement le jugement car elle reconnaît la nécessité de savoir discriminer pour construire sa vision intérieure du réel. Mais elle met en garde, notamment dans le Prajna, contre les poisons tels que l'obstination, l'indifférence ignorante et l'agressivité. Le Theravâda invite fortement à une introspection personnelle afin de mieux comprendre nos rapports avec l'autre. Quant au Mahâyâna (grand véhicule), il prône la compassion et la tolérance à l'égard de tous les êtres, même les pires.
Les textes chrétiens et musulmans regorgent d'appels à la miséricorde et à la tolérance :
« Parez-vous de tolérance car elle constitue la véritable vaillance et la victoire absolue » (judaïsme, Lettre sur l'éthique de Maïmonide).
« De même qu'Il est généreux, efforçons-nous de l'être, de même qu'Il est miséricordieux, agissons toujours vis-à-vis de notre prochain avec miséricorde » (judaïsme, Midrach).
« Éviter de conjecturer sur autrui car une partie des conjectures est un péché » (islam, Les appartements 12).
« Quand vous parlez, soyez équitables » (islam, Les bestiaux 152).
« Ne jugez pas et vous ne serez pas jugés » (christianisme, Luc 6:37).
« Que celui d'entre vous qui n'a jamais péché lui jette la première pierre » (christianisme, Jean 8:2717), etc.
Le taoïsme étend la notion de non-jugement bien au-delà de la tolérance envers autrui. L'essentiel de son enseignement vise à combattre nos certitudes et notre tendance à discriminer et à juger.

Je résumerai ces textes religieux – de façon sans doute très simpliste – en disant : il n'appartient pas à l'homme de juger l'homme, car aucun de nous ne peut se prétendre assez pur ni assez juste pour cela.

Le jugement dont il est question ici n'a évidemment rien à voir avec celui du roi Louis ou du système judiciaire au sein duquel sanctions et condamnations résultent de lois préétablies. Le juge de loi ne fait qu'appliquer des sentences toutes faites. Il n'est jamais que l'instrument de cette loi, c'est-à-dire l'instrument d'un système prétendument accepté de tous (voire « issu de Dieu » dans les sociétés non laïques).

Le jugement que j'évoque, est celui qu'un homme porte sur un autre homme (ou sur lui-même), en fonction de son système de valeur personnel, sans trop se soucier de savoir s'il est valide et/ou partagé par quelqu'un d'autre. Celui-là, les religions nous le disent clairement, c'est « mal ».

Notre tendance à juger tout et n'importe quoi est pourtant bien naturelle : seul le jugement – ou le **discernement**, si l'on préfère – nous permet de construire les choix innombrables nécessaires à notre quotidien. Comment pourrais-je m'orienter sans d'abord savoir ce qui est « bon » ou « mauvais » pour moi ? Comment pourrais-je vivre sans système de valeurs ? Et qu'est-ce qu'un système de valeurs, si ce n'est une accumulation de croyances, d'opinions et de jugements ?

Les jugements nous permettent de construire une version simplifiée du monde dans lequel il nous est plus facile de nous repérer et de nous orienter. Ils nous préparent des réponses toutes faites et prêtes à l'emploi qui nous évitent de nous reposer sans cesse les milliers de questions que le quotidien nous soumet.

Établir que telle chose est bonne et telle autre mauvaise revient, ni plus ni moins, à préfabriquer un choix que nous appliquerons quand la chose se présentera à nous. Or, comme le fait remarquer André Gide, choisir, c'est renoncer pour jamais à tout le reste[1]... Tout en facilitant notre lecture du monde, le jugement nous ferme donc à son mystère, à la part d'imprévu et d'inconnu que comporte tout ce que nos choix excluent de nos vies.

Et lorsque nous portons un jugement sur l'autre et que nous l'exprimons – par des paroles ou des actes – autour de nous, nous tentons d'enfermer cet autre dans notre vision réductrice. Voilà

1. « [...] choisir, c'était renoncer pour toujours, pour jamais, à tout le reste et la quantité nombreuse de ce reste demeurait préférable à n'importe quelle unité » (*Les Nourritures terrestres*).

en quoi ce jugement est si lourd, voilà sans doute, pourquoi les textes religieux fondamentaux nous engagent à nous en écarter. Le jugement que nous exprimons sur l'autre, le condamne à se conformer aux comportements que nous avons établis comme positifs et à éviter ceux que nous avons établis comme négatifs. En clair, il le condamne à se conformer à **notre** vision du monde. Qu'en est-il de la sienne ? Il se trouve contraint de la défendre, de la justifier, ou de renoncer à notre compagnie.

Au niveau social, nos jugements définissent les critères d'intégration du groupe que nous tentons de rassembler autour de nous. Plus nos jugements sont nombreux et **rigides** (sans appel), plus le groupe qui y adhère sera proche de notre vision personnelle du monde, mais restreint en nombre.

Je vais exprimer cette idée autrement, cher lecteur : plus tu es prompt au jugement rigide, plus tu réduis ton nombre d'amis. Ceux que tu conserveras auront une pensée calibrée selon la tienne et ne pourront t'aider, en aucune façon, à élargir ta vision du monde. Cette idée n'a probablement pas grand-chose de nouveau pour toi. Tu as sans doute déjà remarqué à quel point la tendance au jugement peut amener celui qui juge à être lui-même jugé... et exclu !

Dans ce cas, pourquoi certains d'entre nous sont-ils si « généreux » de leurs jugements ? Pourquoi sont-ils si empressés de répertorier et de cataloguer les choses, les gens et les idées ? Pourquoi sommes-nous, nous-mêmes, dans cette tendance ? Sans doute pas pour nous couper du plus grand nombre possible d'amis potentiels !

Nous multiplions nos jugements parce que l'immensité et la diversité du monde nous effraient. **Notre tendance au jugement est directement proportionnelle au nombre de peurs que nous nourrissons en nous.**

Chaque jugement témoigne d'une peur. En exprimant nos jugements autour de nous, nous sommes inconsciemment à la recherche d'un groupe qui partage les mêmes peurs que nous et qui adopte les mêmes systèmes de défense que nous, vis-à-vis du monde. En adhérant au jugement d'autrui, en le validant dans sa façon de cataloguer les choses, les gens et les idées, nous lui signifions implicitement : je porte les mêmes peurs que toi.

Voilà pourquoi certains leaders, si prompts au jugement, parviennent malgré tout à réunir autour d'eux des foules parfois considérables. Voilà pourquoi Hitler, sorte de caricature du leader obtus et rigide, parvint si facilement à fédérer une nation entière derrière son idéologie : il s'adressait à un pays exsangue, blessé de mille façons et qui en était venu à avoir peur de tout, et surtout de l'avenir. Hitler a su proposer à son pays un éventail de jugements qui l'a rassuré et qui traçait une voie de sortie, étroite certes, mais solide. Hitler ne parlait que de ses peurs : peur des juifs[1], peur des autres pays, peur de l'avenir... et ces peurs ont trouvé un écho formidable dans la plus grande partie du pays. La force du nombre a fait le reste...

Voilà aussi pourquoi nos propres leaders manient avec tant d'empressement les peurs communes de notre quotidien : **peur** de l'insécurité et **peurs** raciales pour la droite, **peur** du capitalisme inhumain, des multinationales et de la pauvreté, pour la gauche. En diffusant ces peurs, en leur donnant un caractère plus universel, ils valident les jugements qui en découlent et dont ils sont porteurs. **Ils se « fabriquent » ainsi un public, ou fidélisent celui qu'ils ont déjà.**

L'union fait la force. En regroupant autour de nous ceux qui développent les mêmes peurs que nous, nous portons l'espoir que nous ne serons plus seuls face aux « dangers » (plus souvent illusoires que réels) auxquels le monde nous expose.

Voilà pourquoi nous exprimons nos opinions et nos jugements et pourquoi nous les défendons fermement.

On pourrait en conclure qu'il suffit de travailler sur nos peurs et de les apaiser pour nous débarrasser de notre trop forte tendance au jugement, et augmenter ainsi le nombre potentiel de nos relations sociales.

Mais peut-être justement que cette sorte de réflexe, qui nous entraîne à cataloguer et à condamner, **entretient les peurs qui en sont à l'origine** et nous empêche d'y mettre fin.

Chez chacun de nous, l'ensemble de nos comportements et de nos paroles est issu d'un système de pensées particulièrement cohérent qui se « verrouille » avec ses propres mécanismes. Seuls les concepts qui sont compatibles avec ce système peuvent théoriquement y pénétrer et être adoptés. Inversement, si nous bousculons cet édifice en adoptant délibérément des attitudes

1. Au début du règne d'Hitler, une formidable campagne de désinformation présenta les juifs comme assoiffés de pouvoir et dénués de tout scrupule. Cette campagne avait pour but de renforcer au sein de la nation cette « peur du juif » qu'Hitler portait de façon particulièrement aiguë en lui. Un faux document intitulé « Le protocole des sages de Sions » et réalisé par le faussaire antisémite Matveï Golovinski, se présentait comme un plan de conquête et de domination du monde élaboré par les juifs. On parle de « théorie du complot juif » pour illustrer ce mouvement de pensée auquel Hitler ne fit en réalité qu'adhérer, et qui avait pris naissance bien avant son arrivée au pouvoir.

inverses de celles qui pourrait le renforcer, nous l'obligeons à se reconfigurer, à se réorganiser pour tenir compte de ce changement.

Le travail que nous pouvons effectuer pour mettre fin à notre tendance à juger les autres et nous-même, est donc une voie qui peut se révéler tout à fait fructueuse pour combattre nos peurs. Une voie inconfortable, sans le moindre doute, mais positive dans le sens où elle élargit notre vision du monde et nous ouvre des options de vie qui nous étaient inaccessibles jusque-là.

Abandonner le jugement a pour effet immédiat de laisser entrer dans nos vies des événements et des personnes dont nous étions jusque-là protégés. C'est le fameux « Oui à la Vie » prôné par Arnaud Desjardins et superbement illustré par le film de fiction *Yes Man* [?]. Je t'encourage à tenter cette expérience en douceur et en respectant ton besoin de sécurité. Si tu bouscules tes peurs avec trop de violence, tu cours le risque de provoquer une réaction de repli qui aura l'effet exactement inverse de celui que tu recherches.

Pour ma part, à chaque fois que je tente de mettre un jugement en échec, je recherche en premier lieu quelle est la peur qui se cache derrière, je vérifie son importance et sa validité, et je cherche par quel moyen je pourrais la satisfaire, la surmonter ou simplement la calmer, afin qu'elle cesse de provoquer ou d'altérer mon jugement.

Je voudrais souligner à quel point ce travail délicat ouvre formidablement au bonheur, car il permet au final d'introduire de la souplesse dans nos comportements et de simplifier merveilleusement nos existences. Être capable de dire « Oui à la Vie », c'est trouver du plaisir en tout et partout, c'est cesser de résister au courant de la Vie et devenir capable de surfer sur tout ce qu'elle propose.

Que ce soit à l'échelle d'une nation ou d'un individu, entretenir un système de défense coûte une véritable fortune. En développant ma tolérance et ma capacité d'acceptation, j'ai libéré une grande part de cette énergie et je l'utilise aujourd'hui dans mes projets.

Plus mon système de défense est blindé, plus il me coûte en énergie et en plaisirs. **Chaque pas effectué vers le non-jugement représente une économie et une libération de potentiel.**

L'exercice que je te propose dans la section suivante, consiste à identifier des personnes que tu juges « mauvaises » pour toi, et à vérifier si tu peux, ou non, réviser ou assouplir ton jugement à leur sujet.

C'est probablement l'exercice le plus délicat de tous ceux que je propose dans ce livre car il va t'exposer directement à certains des objets de tes peurs.

Si tu as la chance de « tomber » sur une peur tout à fait fictive et qui ne joue pas un rôle important dans ta vie, cet exercice peut se dérouler facilement et t'encourager à recommencer immédiatement l'opération avec de nouveaux sujets. Si tu choisis par mégarde quelque chose qui vient « titiller » une peur profonde et importante, tu risques de te retrouver bloqué dans ta démarche et de conclure que ton jugement initial était parfaitement fondé. Ça n'est évidemment pas le but de cet exercice, mais si la chose se produit, accueille-la telle qu'elle vient et ne cherche pas à « forcer » tes défenses au mépris de ta propre sécurité.

Le travail sur le non-jugement doit, à mon avis, se faire dans la plus grande douceur car il engage une part très importante de nous-même.

Ce travail se rapproche beaucoup de celui sur les peurs. Je te propose donc de t'assurer que tu as déjà bien assimilé les notions incluses dans le chapitre « Vérifier ses peurs et ses croyances » avant d'entamer cet exercice.

En pratique

Dresse une liste d'au moins dix personnes vers lesquelles tu n'as pas tendance à aller. Dix personnes qui te gênent à leur manière. Dix personnes que tu juges négativement.

Dans cette liste, supprime les deux pour lesquelles tu as le plus d'antipathie et les cinq pour lesquelles tu as le moins d'antipathie. Pour chacune des trois qui restent, établis la liste des défauts qui, selon toi, leur correspondent. Voici une liste qui te facilitera le travail :

- Affabulateur
- Agressif
- Aigri
- Amateur
- Ambitieux
- Amer
- Amorphe
- Anxieux
- Apathique
- Arbitraire
- Arriviste
- Arrogant
- Assisté
- Autoritaire
- Avare
- Bavard
- Bête
- Blasé
- Borné
- Brouillon
- Brutal
- Bruyant
- Cachottier
- Calculateur
- Capricieux
- Choquant
- Coléreux
- Coincé
- Complaisant
- Complexé
- Compliqué
- Confus
- Crétin
- Cruel
- Cupide
- Débile
- Débordé
- Décalé
- Décourageant
- Défaitiste
- Dépensier
- Désinvolte
- Distrait
- Égocentrique
- Égoïste
- Émotif
- Emporté
- Énervant
- Envahissant
- Envieux
- Étourdi
- Excessif
- Familier
- Fataliste
- Faible
- Fainéant
- Fou
- Frigide

- Frustré
- Fuyant
- Gênant
- Grossier
- Hautain
- Hésitant
- Humiliant
- Hypocrite
- Ignoble
- Imbécile
- Impatient
- Impuissant
- Impulsif
- Inaccessible
- Inattentif
- Incompétent
- Inculte
- Indécent
- Indécis
- Indépendant
- Indigne
- Individualiste
- Infâme
- Infidèle
- Influençable
- Ingrat
- Inhumain
- Insensible
- Insignifiant
- Insouciant
- Instable
- Insupportable
- Intéressé
- Intolérant
- Intransigeant
- Irrationnel
- Irrespectueux
- Irresponsable
- Jaloux
- Lent
- Libidineux
- Lubrique
- Lunatique
- Machiavélique
- Macho
- Maniaque
- Maniéré
- Méchant
- Médiocre
- Médisant
- Méfiant
- Mégalomane
- Menteur
- Méprisant
- Mesquin
- Mijaurée
- Misanthrope
- Misogyne
- Mou
- Muet
- Mythomane
- Naïf
- Narcissique
- Négatif
- Négligé
- Négligeant
- Nerveux
- Nymphomane
- Orgueilleux
- Paresseux
- Passif
- Pataud
- Pédant
- Pessimiste
- Peureux
- Pinailleur
- Plaintif
- Planqué
- Pointilleux
- Précieux

- Prétentieux
- Prude
- Qui-sait-tout
- Raciste
- Radin
- Râleur
- Rancunier
- Renfermé
- Repoussant
- Résigné
- Revanchard
- Rigide
- Ringard
- Rouspéteur
- Routinier
- Salace
- Sale
- Secret
- Solitaire
- Soupçonneux
- Sournois
- Stressé
- Stupide
- Superficiel
- Susceptible
- Têtu
- Timide
- Triste
- Vieux jeu
- Vulgaire

À présent, voyons les trois personnes que tu préfères. Établis, pour chacune d'elles, la liste de leurs qualités. Voici encore quelques suggestions :

- Abordable
- Accessible
- Accueillant
- Actif
- Admirable
- Adroit
- Affable
- Affectueux
- Agréable
- Aidant
- Aimable
- Ambitieux
- Amical
- Amusant
- Animé
- Apaisant
- Appliqué
- Ardent
- Artistique
- Assidu
- Astucieux
- Attachant
- Attentif
- Attentionné
- Attractif
- Audacieux
- Authentique
- Autonome
- Aventureux
- Bavard
- Bienfaisant
- Bienséant
- Bienveillant
- Bon
- Brave
- Brillant
- Calme
- Capable
- Captivant
- Chaleureux

- Chanceux
- Charmant
- Charmeur
- Civil
- Clément
- Combatif
- Comique
- Compatissant
- Compétitif
- Compréhensif
- Concerné
- Conciliant
- Confiant
- Consciencieux
- Constant
- Content
- Convaincant
- Convenable
- Coopératif
- Courageux
- Courtois
- Créatif
- Crédible
- Cultivé
- Curieux
- Débonnaire
- Débrouillard
- Décomplexé
- Décidé
- Délicat
- Déterminé
- Dévoué
- Diplomate
- Direct
- Discipliné
- Discret
- Distingué
- Distrayant
- Divertissant
- Droit
- Drôle
- Dynamique
- Éblouissant
- Éclatant
- Économe
- Édifiant
- Efficace
- Égayant
- Élégant
- Éloquent
- Émouvant
- Empathique
- Encourageant
- Énergique
- Engagé
- Enjoué
- Enthousiaste
- Entreprenant
- Épanoui
- Équitable
- Étincelant
- Étonnant
- Éveillé
- Exaltant
- Exemplaire
- Expressif
- Extraverti
- Facile
- Fantaisiste
- Fascinant
- Ferme
- Fiable
- Fidèle
- Fin
- Flamboyant
- Flexible
- Fort
- Franc
- Gai
- Galant

- Généreux
- Génial
- Gentil
- Gracieux
- Habile
- Hardi
- Héroïque
- Heureux
- Honnête
- Humain
- Humble
- Humoristique
- Imaginatif
- Impulsif
- Indépendant
- Indomptable
- Indulgent
- Influent
- Ingénieux
- Innovateur
- Intelligent
- Intéressé
- Intrépide
- Intuitif
- Inventif
- Joueur
- Jovial
- Judicieux
- Juste
- Logique
- Loyal
- Lucide
- Marrant
- Merveilleux
- Méthodique
- Minutieux
- Modeste
- Motivé
- Observateur
- Obstiné
- Opiniâtre
- Optimiste
- Ordonné
- Organisé
- Original
- Ouvert
- Patient
- Perfectionniste
- Persévérant
- Poli
- Polyvalent
- Ponctuel
- Précis
- Propre
- Prudent
- Puissant
- Rapide
- Rationnel
- Réceptif
- Réfléchi
- Responsable
- Rêveur
- Riche
- Rusé
- Séduisant
- Sensible
- Sérieux
- Serviable
- Sociable
- Soigneux
- Solide
- Souple
- Spontané
- Sportif
- Stable
- Studieux
- Tempéré
- Tenace
- Tolérant
- Tranquille

– Travailleur
– Vaillant
– Valeureux
– Vigilant
– Vigoureux
– Volontaire

Tu y es ?

Le premier résultat que tu peux retirer de ce travail concerne **l'effet miroir**. Cet effet nous amène toujours à juger les autres selon les critères avec lesquels nous nous jugeons nous-même. Ces deux listes peuvent donc être lues comme suit :

- La première contient la liste des défauts qui te gênent en toi, ou que tu crains le plus d'avoir.
- La deuxième liste contient les qualités que tu as, ou que tu souhaiterais le plus avoir (et que tu es sans doute en train de développer).

Ne perd toutefois pas de vue que ces listes sont **subjectives**. Elles ne contiennent pas la « vérité », mais ta vision toute personnelle de la réalité.

Nous allons à présent travailler sur la liste des défauts en utilisant l'une des méthodes de Lise Bourbeau. Recopie chacun des défauts que tu as repéré chez les gens que tu juges, dans la première colonne d'une feuille A4 divisée en trois colonnes. En face de chacun d'eux, note dans la deuxième colonne ce que ce défaut empêche ces personnes d'être, ce dont il prive la personne qui le porte. Dans la troisième colonne, essaye d'identifier la peur qui peut provoquer ce défaut et bloquer ce désir d'être.

À titre d'exemple, voilà le genre de choses que peuvent contenir tes trois colonnes :

Défaut	Ce défaut empêche d'être...	À cause de la peur de...
Menteur(se)	Honnête, tranquille, simple	D'être insignifiant(e), inintéressant(e)
Agressif(ve)	En paix, aimé(e), satisfait(e)	D'être oublié(e), négligé(e), méprisé(e)
Hésitant(e)	Affirmé(e), respecté(e)	D'être imparfait(e), maladroit(e), blessant(e)

Si tu acceptes l'idée que tu es toi-même porteur de certains de ces défauts et que c'est même la raison pour laquelle ils t'agacent tant chez les autres, tu peux, grâce à ce que tu viens de noter, prendre conscience des peurs et des désirs qui se cachent derrière chacun de tes défauts.

L'effet miroir fonctionne, bien entendu, dans les deux sens. Pour prendre l'exemple de mon tableau, n'est-il pas vrai que les gens qui ont tendance à mentir accusent souvent les autres d'être insignifiants ou inintéressants ? Les gens agressifs n'accusent-ils pas les autres d'être négligents et méprisants (alors qu'ils le sont souvent eux-mêmes) ? Les gens hésitants n'accusent-ils pas les autres d'être blessants, maladroits et imparfaits ?

Dans la suite de cet exercice, je te propose de te confronter à tes peurs tout en faisant une action constructive : pour les trois personnes dont tu as relevé les défauts apparents, reprends la liste des désirs qui se cachent derrière ces défauts. Cherche dans quelle mesure et à quelles occasions, ces personnes réussissent malgré tout à exprimer ces désirs. Va voir ensuite ces personnes ou envoie-leur un message en exprimant ce que tu viens de relever.

Pour reprendre encore une fois l'exemple de mon tableau, tu pourrais dire à quelqu'un de « menteur » : « J'ai beaucoup apprécié l'honnêteté dont tu as fait preuve au cours de la dernière réunion. » À quelqu'un d'« agressif », tu pourrais dire : « J'ai bien aimé la mesure et la douceur avec laquelle tu as traité ce dossier. Cela a été très apaisant pour moi. » À quelqu'un d'« hésitant », tu pourrais dire : « Tu as fait preuve d'une belle assurance dans ta gestion de ce cas. Je suis admiratif. »

Pour que cet exercice présente de l'intérêt, **il est indispensable que tu sois sincère dans tes déclarations**. Cherche donc des situations dans lesquelles ces personnes ont réellement exprimé les qualités que tu relèveras chez elles.

Le fait de leur exprimer ces qualités pourra te sembler un peu « faux », même si tu ne leur exprimes que des choses « justes » et que tu as réellement constatées et/ou ressenties. Tu peux également penser que cela est inutile. Je t'invite à remarquer **comme il est étrange qu'une chose que tu penses être vraie et juste puisse pourtant te sembler dans le même temps fausse et/ou inutile**.

Cette expérience a pour but de te permettre de surmonter certaines de tes peurs et de nuancer certains de tes jugements. Mais elle peut aussi représenter un cadeau d'une immense valeur pour les personnes chez qui tu encourageras et valoriseras l'expression de leurs désirs profonds. Ce genre de cadeau qui coûte peu à celui qui donne et rapporte beaucoup à celui qui le reçoit.

Mais soyons d'accord sur un point : ce que tu feras ou non, il est bon que tu le fasses avant tout pour toi-même et sans attendre quelque chose des autres en retour.

Le point de vue du professeur Foldingue

J'ai déjà disserté dans le chapitre « Être sincère avec soi-même », de la question : « Qui suis-je ? »

Je ne sais pas si tu as relevé, ami lecteur, l'amusant paradoxe qu'il y a, à ce que moi, qui n'existe pas, disserte de cette question. Tu es surpris ? L'introduction de ce livre est pourtant claire sur ce point : le professeur Foldingue n'est qu'un personnage fictif, issu de l'imagination de l'auteur. **Je n'existe pas.**

J'ai pourtant été créé. Comment puis-je être fictif si j'ai été créé ? Et tout d'abord, pourquoi ai-je été créé ?

J'ai été créé parce que l'auteur de ce livre n'assume pas entièrement sa « propension maladive » (je cite) à retourner les idées comme on retourne une poche pour voir ce qu'il y a à l'intérieur. Il critique cet intellectualisme radical, il se méfie de la pensée pour la pensée. Il porte la peur que sa réflexion, lorsqu'elle s'éloigne trop de son ressenti et de ses intuitions, lorsqu'elle cherche avec un peu trop de force à se purifier des basses contingences que la vie nous impose, se mette à tourner à vide, qu'elle devienne en quelque sorte stérile et finalement insensée (dépourvue de sens réel et véritable).

Je vais dire les choses autrement : l'auteur de ce livre se méfie de moi. Il me reproche de trop alimenter son ego, d'être froid et mécanique dans mon fonctionnement. Il lui est même arrivé de me traiter de monstre. Il m'affuble quelquefois du nom de « mental », une bête prétendument dangereuse, accusée d'à peu près tous les maux, dans les ouvrages consacrés au développement personnel.

Et parce qu'il se méfie de moi, il a décidé – dans une sorte d'égarement – d'opérer une scission entre lui et moi. Il connaît pourtant par cœur le mythe de Dr Jekyll et M. Hyde[1], il connaît

1. *L'Étrange Cas du Dr Jekyll et de M. Hyde* est une nouvelle écrite par le britannique Robert Louis Stevenson et publiée en 1886. Le docteur Jekyll tente d'élaborer une potion, afin de se purifier, d'extraire de lui toute forme de brutalité et d'animalité. Il pense avoir abouti quand il constate que sa conscience s'allège, que ses pensées accèdent enfin à une pureté sans précédent. Ce qu'il ignore, c'est qu'il vient dans le même temps de donner naissance à mister Hyde, un être maléfique et malfaisant, porteur de ses pulsions les plus coupables, qui emprunte son corps chaque nuit pour vivre sa vie de débauche. Mister Hyde, libre du contrôle auquel il était soumis avant cette scission de personnalité, va détruire tout ce qui est cher aux yeux du docteur Jekyll et l'entraînera finalement dans la mort. Cette nouvelle a été adaptée dans plus d'une quinzaine de longs métrages. L'un des plus récents (1996) s'intitule *Le professeur Foldingue* ou *Nigaud de professeur* (au Québec), *The Nutty Professor* en version originale, avec Eddie Murphy dans le rôle principal. Il raconte l'histoire d'un professeur obèse qui élabore une potion permettant de devenir instantanément svelte. Tout comme dans le conte original, Buddy Love, la créature

les dangers du dédoublement de personnalité. On ne se mutile pas impunément. On ne peut renier ce que l'on porte en soi, aussi « déplaisant » qu'on puisse le juger.

Alors, dans un élan machiavélique tout à fait admirable, il a décidé de m'inclure dans son livre et de me prêter la parole dans chacun de ses chapitres. Il peut ainsi laisser libre cours à ma verve folle, tout en se plaçant lui-même en observateur.

Le fait de me « libérer » de cette façon, me permet d'aller plus loin dans ma démarche de réflexion que lorsque je suis associé à lui. Bien souvent, alors que l'auteur de ce livre « sèche » sur un sujet, le professeur Foldingue parvient pourtant à établir d'innombrables déductions et rapprochements, et finalement à établir des concepts qui n'auraient pas émergé autrement. Comme il le fait remarquer en introduction, le professeur Foldingue (c'est moi !) « a toujours quelque chose à dire, même à propos des sujets dont il ignore tout ».

Voilà comment je me retrouve, moi qui n'existe pas, à devoir te parler de sujets dont j'ignore à peu près tout (car on ne sait jamais vraiment quoi que ce soit dans le domaine des idées. On ne sait vraiment que ce que l'on croit). Voilà comment je me retrouve à te parler du non-jugement.

Je pourrais te parler du taoïsme, du scepticisme, du zen et de la non-dualité. Chacune de ces philosophies illustre à sa façon, notre incompétence à établir des vérités indiscutables, et le danger qu'il peut y avoir à se croire sûr de quoi que ce soit. Mais avec le retournement de proposition qui caractérise mon humour si savoureux, j'ai envie de te dire : « Je ne suis pas sûr que le scepticisme soit la bonne voie. » (Ah, ah, ah...)

Je préfère te proposer une simple question, ami lecteur : existes-tu ?

Tsss, tsss... Je te prie de ne pas te réfugier derrière la proposition cartésienne « Je pense, donc je suis ». D'abord parce qu'elle est de Descartes, et non de toi. Ça ne compte pas.

---

qui résulte de cette expérience a des penchants pour l'excès qui vont sérieusement compliquer l'existence du pauvre professeur.

En me baptisant « professeur Foldingue », l'auteur de ce livre semble donc avoir été relativement conscient de ce qu'il faisait, même si (je viens de lui poser la question) il prétend qu'il n'avait absolument pas fait le rapprochement avec l'histoire de Stevenson, au moment où il a décidé de m'attribuer ce nom. Si cela est vrai, il faut croire que son inconscient est un sacré farceur ! Car si je suis le professeur Foldingue, cela signifie que l'auteur de ce livre est Buddy Love ! Ah ! Ah !

Ensuite, je te ferai remarquer que je peux dire la même chose, alors que je crois avoir bien établi le fait que je n'existe pas. Tiens, allez, je te le prouve : je pense, donc je suis. Et toc !

Tu vas peut-être me répliquer que j'existe, puisque je porte un nom. Que j'existe en tant que personnage. Et il est vrai que la longue pratique du théâtre de l'auteur-de-ce-livre, est sans doute à l'origine de la création de mon personnage. Je suis peut-être lui, finalement, lui qui endosse un costume, adopte la posture, la voix et les manières de mon personnage, et par le miracle de l'interprétation, adopte également des idées et développe des talents qu'il ignorait posséder.

En tant que professeur Foldingue, je ne juge pas le monde de la même manière que l'auteur-de-ce-livre. Je n'ai pas les mêmes croyances, ni les mêmes espoirs, ni les mêmes peurs. Je pense donc différemment et je fais des choses qu'il ne pourrait pas faire. À titre d'exemple, je n'ai pas peur d'affirmer en toute conviction : « Je suis formidablement intelligent », alors que l'auteur-de-ce-livre, empêtré dans la gestion de son ego et dans une modestie de bon ton, ne s'autorise pas ce genre d'affirmation qu'il va jusqu'à bannir de ses pensées ! Ah, Ah, Ah ! Quel bouffon !

Très bien, revenons au sujet et accrochons-nous à ces maigres hypothèses : bien que fictif, j'existe en tant que personnage et j'existe puisque je porte un nom.

Alors, avec une suave réjouissance face au doute qui ne va pas manquer de faire perler l'aigre sueur de la peur sur ton front naïf, je te repose la question : qu'en est-il de toi ? Existes-tu ?

Existes-tu autrement qu'en tant que personnage ? Existes-tu pour une autre raison que celle de porter un nom ? Existes-tu, tel que tu croyais exister jusqu'à ce jour ?

Et, avec ce que certains esprits étroits qualifieront sans doute de « culot » mais qui n'est, à mes yeux, que l'expression d'un vaillant courage et d'une lucidité flamboyante, je te suggère une réponse : « Pas davantage que moi. »

Qui anime ton personnage ? Qui se cache derrière ton costume, tes postures et ta voix ? Qui te prête son corps ? Qui te prête une existence ? La Vie !

Tout comme je ne suis que la marionnette de l'auteur-de-ce-livre, tu n'es que la marionnette de la Vie. Elle te prête une existence afin d'explorer des domaines qui lui seraient inaccessibles sans ton truchement (sans cette tricherie).

Sais-tu quel est le principal danger qui guette l'acteur ? Qu'est-ce qui peut tuer un personnage ? Qu'est-ce qui l'empêche de « prendre corps », de s'incarner tout à fait ? La peur du ridicule. Ou plus précisément, la peur d'être jugé ridicule.

C'est la peur d'être jugé qui tue le personnage. C'est elle qui peut te « tuer » symboliquement, qui peut t'empêcher de jouer pleinement ton rôle, de devenir réellement ce à quoi tu es destiné : la peur d'être jugé « ridicule », c'est-à-dire décalé, hors norme, non aligné, trop peu conventionnel. D'être toi, en somme, c'est-à-dire quelqu'un de profondément, d'absolument unique.

Alors, tendre marionnette de mon cœur, si tu me permets de t'appeler de cette façon un brin cavalière, que comptes-tu faire ? Vas-tu te plier à cette peur, rogner en toi tout ce qui dépasse de la norme, vivre une vie d'aimable zombi ? Vas-tu éteindre la flamme qui brillait dans ton regard d'enfant, alors que tu n'avais pas encore développé la croyance mortifère qu'il faut, à n'importe quel prix, « rentrer dans le moule », que tu ne pourrais obtenir de l'amour et de l'admiration qu'à cette terrible condition ?

Ou vas-tu, de temps à autre, t'autoriser à péter un câble, comme le fait l'auteur-de-ce-livre en me prêtant vie ?

Vas-tu servir le rôle que la Vie t'a prêté ? Vas-tu assumer ta position de marionnette, de personnage, et jouer à fond ? Ou vas-tu courir le risque d'être suprêmement ridicule à force de ne pas vouloir l'être ? Y a-t-il plus ridicule qu'un acteur qui a peur de son rôle[1] ?

Oups ! Huit questions d'affilée ! Si je continue comme ça, on va me prendre pour un jésuite[2].

Par cette longue dissertation sur la **peur d'être**, mère de toutes les peurs de l'esprit, je t'invite à me rejoindre dans ma guerre contre le jugement. Partout et toujours, sois mon noble chevalier, sois mon ardent défenseur, sois le bras armé qui pourfendra l'infâme, le vil jugement qui nous ronge et fait de nous des morts vivants.

Et pour commencer, combats le jugement qui ronge ton propre cœur, car il est le cheval de Troie qui ouvre la porte aux envahisseurs, aux jugements d'autrui.

En garde !

---

1. Comme le fait remarquer l'auteur-de-ce-livre dans le chapitre « Développer son sens de l'humour », section « Le cas d'école qui colle ».

2. On prête aux jésuites l'habitude de toujours répondre à une question par une autre question.

Le cas d'école qui colle

En matière de magie, de spiritisme et d'extraterrestres, je suis un peu comme saint Thomas… j'attends de voir. Cette absence de positionnement m'a parfois valu des reproches des deux camps : « Tu ne vas quand même pas me dire que tu crois à ce ramassis de fadaises ? » comme : « Mais enfin, il y a des preuves ! Comment peux-tu encore douter ? » Les fameuses « preuves » me semblent suspectes, mais dans ma conception, « esprit scientifique » veut dire « esprit ouvert à toutes les hypothèses ». Faute d'éléments me permettant de me forger une opinion, je refuse donc d'apporter un jugement à ce type de question. Voici une petite anecdote qui m'amène à penser que cette approche est la bonne.

Je suis passionné de billard américain. J'y joue entre deux et quatre heures par semaine depuis près de vingt ans car j'y trouve une belle occasion de me découvrir moi-même. Tout comme le tir à l'arc ou le golf, le billard demande une intense concentration qui se rapproche beaucoup de la méditation. Bien que l'intelligence logique y soit parfois sollicitée, c'est dans un état de vide mental absolu que l'on parvient à réussir les plus beaux coups.

Au cours des dix premières années, j'ai eu une approche très analytique de ce jeu. Je calculais chaque angle et chaque effet avant de jouer. Cette approche m'a tout d'abord permis d'obtenir des progrès rapides, mais j'ai fini par stagner et par me faire dépasser par mes partenaires.

Pendant quelques années, j'ai alors focalisé mon attention sur mon corps, mes positions, ma façon de tenir ma queue, mes sensations… et j'ai recommencé à progresser, puis j'ai à nouveau stagné.

Pendant quelques autres années, j'ai décidé de jouer « sans réfléchir », ce qui m'a amené à régresser, puis à dépasser mes limites initiales. Toutefois, mes partenaires continuaient également à progresser et je me suis à nouveau retrouvé à la traîne.

Dans les jeux de précision tels que celui-là, il n'est pas difficile de savoir si l'on peut encore progresser : il y a toujours quelques moments de « grâce » au cours desquels on se met à jouer à son plein potentiel et qui permettent de se faire une bonne idée de quoi on est véritablement capable.

Je savais donc qu'il me restait du chemin à faire, mais je ne savais pas comment franchir l'obstacle suivant. Je ne sais pas pourquoi j'ai eu un jour l'idée de penser à la magie : et si je pouvais contrôler les billes par la seule force de ma pensée ? Et si je pouvais contrôler la bille blanche après l'avoir frappée ?

Je sais bien que cette idée est insensée, mais je me suis mis à jouer en la gardant en tête et j'ai vu mon niveau de jeu qui recommençait à progresser. Voilà plusieurs années qu'il n'a pas durablement stagné. Dès que je constate que je piétine un peu trop, je m'investis à nouveau dans mes « pensées magiques » et ma progression reprend son cours.

Suis-je réellement capable de contrôler les billes par la pensée ? Vraiment, je n'en jurerais pas ! Mais quelle importance ? Ce qui compte à mes yeux, est que cette hypothèse me permet de progresser.

Voici la petite morale que je me fais de cette histoire : **pour exploiter mon plein potentiel, je dois laisser la porte ouverte à TOUS les possibles, mêmes les plus improbables.** Je ne dois préjuger de rien, je dois mettre mes croyances entre parenthèses. Je dois me contenter d'avoir confiance en mes capacités.

La seule et l'unique croyance qui puisse prendre place dans mon jeu est « je suis capable de bien jouer ». Toutes les autres doivent être laissées de côté car elles pourraient, d'une manière ou d'une autre, faire naître ou nourrir un doute sur la première.

Le refus de juger, le fait de rester dans le doute, a bien entendu un côté frustrant. Notre culture ne nous a pas habitués à ça. Mais cette expérience m'a démontré que le doute est parfois le meilleur positionnement possible. Un doute qui n'est pas un simple report de décision, qui n'est pas un jugement différé, mais qui est bel et bien **une position stable avec laquelle je peux vivre en paix**.

Quelle histoire !

Un Américain se promène sur le Vieux-Port de Marseille. Il trouve là un vieux Marseillais, assis sur le bord du quai, qui semble rêvasser, une canne à pêche à la main.

— Ça mord ? demande-t-il.

— Couci, couça, répond le Marseillais.

Il reste encore un moment, comme pour attendre que quelque chose arrive. Mais le ciel poudroie et l'eau grisoie, et rien d'autre ne se passe.

— Pourquoi ne prenez-vous pas une canne à pêche plus grande ?

— Hein ? Et pour quoi faire, con ?

— Parce que les poissons ne restent pas si près du bord ! Regardez, là-bas… Vous voyez ? Si votre canne à pêche était plus grande, vous pourriez attraper les poissons qui sont là-bas !

— Et alors, con ?

— Eh bien alors, vous auriez beaucoup plus de poissons à aller vendre au marché. Ça vous ferait gagner plus d'argent !

— Et alors, con ?

— Mais allons ! Avec tout cet argent vous pourriez vous acheter un bateau !

— Hein ? Et pour quoi faire, con ?

— Mais pour aller au large, voyons ! Il y a beaucoup plus de poissons au large !

— Et alors, con ?

— Eh bien alors, vous auriez encore plus de poissons à aller vendre au marché. Ça vous ferait gagner encore plus d'argent !

— Et alors, con ?

— Ça vous permettrait d'acheter un deuxième bateau, sur lequel vous pourriez mettre un employé !

— Et pour quoi faire, con ?

— Mais réfléchissez, bon sang ! Avec deux bateaux, vous gagnerez deux fois plus d'argent ! Cet argent vous permettra d'acheter encore d'autres bateaux et de gagner encore plus d'argent ! Au bout de quelques années, vous serez à la tête d'une véritable flotte ! Rien ne vous empêchera alors d'envoyer vos bateaux dans d'autres parties du monde, dans d'autres océans, et de multiplier encore et encore vos capacités de pêche ! Vous deviendrez le grand patron d'une société multinationale qui brassera des millions de dollars chaque jour !

— Hein ? Et pour quoi faire, con ?

— Décidément, mon pauvre ami, vous ne semblez pas comprendre grand-chose à la vie ! Si vous pouviez suivre ma proposition, vous deviendriez un homme riche et vous pourriez alors faire de votre vie exactement ce que vous voulez.

Le Marseillais pousse un peu sa casquette sur le côté, se gratte pensivement la tête, crache un jet de salive et répond enfin : « Et con, qu'est-ce que tu crois que je fais ? »

Novembre

Développer son sens de l'humour

« L'humour, c'est comme les essuie-glaces, ça n'arrête pas la pluie, mais ça permet d'avancer. »
Jean-Bruno Wettstein

L'humour est une chose beaucoup trop sérieuse pour être négligée.

Ça ressemble à une blague, et pourtant, je suis on ne peut plus... sérieux, en te proposant cette pensée.

Peut-être as-tu justement pensé : Ce gars-là n'est pas sérieux...

Voilà une phrase qui veut dire beaucoup de choses. Je vois au moins deux façons de l'interpréter :

- Il n'est pas appliqué, il n'est pas cohérent, ce qu'il propose n'est pas possible.
- Il ne se prend pas au sérieux, il n'est pas triste, il n'est pas ennuyeux.

Il me semble que ces deux interprétations parlent en fin de compte d'une seule et même attitude que l'on regarde de deux façons différentes.

Être « sérieux » veut dire « correspondre à une certaine norme ». Est sérieux celui qui arrive à l'heure à son travail, qui s'implique dans son devoir, qui range, qui respecte ses engagements, qui fait ce qu'on attend de lui. Tout cela a évidemment un côté un peu ennuyeux car le « gars sérieux » est parfaitement prévisible et ne nous apportera aucune surprise. Si l'on suppose qu'il est un peu triste, c'est qu'on ne pense pas qu'il soit possible d'être à la fois dans le **devoir** et dans la joie. *Devoir* est alors considéré comme un synonyme d'*obligation* (ce qui reste à prouver !).

Le gars « pas sérieux » ne respecte pas la norme. Il risque de manquer de fiabilité, mais il nous apportera de la fantaisie et de la surprise. Il bousculera l'ordre établi.

Si l'on reprend la classification que propose le professeur Foldingue dans « S'aimer comme une maman idéale aime son enfant », le gars « pas sérieux » incarne pleinement la force créative de la mère. Il est celui qui nous propose de changer, de voir et de faire les choses autrement, quitte à mettre notre confort ou notre sécurité en danger.

Tant que le gars « pas sérieux » se contente de faire des propositions, il est vu comme drôle ou amusant. S'il insiste un peu (trop), on dira qu'il est rigolo. Si on se sent vraiment dérangé, on dira d'ailleurs : « C'est un rigolo » ou « Ça n'est qu'un rigolo ».

Mais s'il parvient à mettre ses idées en application et à entraîner suffisamment de partisans avec lui, il devient visionnaire ou révolutionnaire. Je suppose que le premier idéologiste révolutionnaire de 1789 a d'abord été considéré comme « pas sérieux » par les monarchistes qui l'ont côtoyé.

Ce que j'essaye de démontrer à travers ce discours, c'est que la faculté d'être « pas sérieux » qu'on appelle parfois « sens de l'humour », n'est rien d'autre que la capacité très sérieuse de remettre **le monde en question**[1].

Cette capacité est par définition *dérangeante*. Tant qu'elle reste au niveau de la proposition, elle provoque le sourire ou le rire qui nous permettent de relâcher la tension nerveuse provoquée par la remise en question. Mais si elle va un peu plus loin, elle provoque un inconfort qui déclenche souvent des réactions agressives (de défense) de la part de l'entourage.

Toutes les formes d'organisation humaine ont toujours laissé une place pour les gars « pas sérieux ». Nous sentons sans doute de façon intuitive, qu'un système qui n'est pas capable d'évoluer est condamné à péricliter d'une façon ou d'une autre. Du fou du roi à l'humoriste, en passant par le clown et le satiriste, le gars « pas sérieux » est celui qui nous invite à remettre le système en question, à vérifier nos convictions, à tester nos confortables certitudes. De façon un peu paradoxale, tout bon système se doit donc d'inclure cette sorte de virus anti-système afin de se fragiliser un peu et de se rendre plus souple.

Voilà pourquoi je t'invite à travers ce chapitre, à développer ton sens de l'humour. Ton système de pensée, comme tout autre système, se doit d'encourager sa propre contestation pour rester pleinement vivant et évolutif.

Si on prend l'exemple de l'humoriste, on peut voir qu'il en existe de deux qualités : ceux qui ne font qu'une ou deux saisons et ceux qui s'installent pour de bon dans notre patrimoine artistique.

1. « Cette brusque intervention, qui dérange le convenu, qui bouscule l'ordre et introduit un pur jeu là où le sérieux se croyait sûr de durer, voilà, si je ne me trompe, où trouver la source profonde du rire » (Penjon, « Le rire et la liberté », *Revue Philosophique*, 1893, t. II).

Les premiers restent au niveau de la contestation, construisant leurs sketchs à base de critiques plus ou moins méchantes envers les hommes de pouvoir ou l'administration. Les deuxièmes ne se contentent pas de critiquer : ils proposent une autre vision de la société, une ou des alternatives au système existant.

Le véritable humour est une forme de création assez pure. La critique et la destruction de l'existant qu'il propose ne sont absolument pas gratuites mais préparent le terrain à la construction d'un ordre nouveau. Car la création, sous toutes ses formes, n'est jamais après tout qu'une transformation, une évolution de l'existant.

L'humour a un autre avantage : il amène au rire qui est un moyen formidablement efficace d'améliorer notre humeur et notre santé. Des études très sérieuses se sont intéressées au rire. Elles démontrent qu'à travers la libération d'hormones telles que l'endorphine, la sérotonine, la dopamine et la noradrénaline, le rire calme la douleur et l'anxiété, tout en améliorant le sommeil, en baissant la tension artérielle, et en provoquant un massage interne favorable à de nombreuses pathologies.

Peut-on rire de tout ? demandait Pierre Desproges dans l'un de ses sketchs. Et il répondait : « Oui, mais pas avec n'importe qui[1]. » Il se trouve, ami lecteur, que tu n'es pas n'importe qui. Il me semble donc tout indiqué de rire de tout avec toi-même. Tu marcheras ainsi sur les traces de Joseph Folliet qui affirmait : « Bienheureux celui qui sait rire de lui-même, il n'a pas fini de s'amuser. »

« Si on ne peut pas rire au Paradis, je ne tiens pas à y aller. »
Martin LUTHER KING

1. « Au reste, est-ce qu'elle se gêne, elle, la mort, pour se rire de nous ? Est-ce qu'elle ne pratique pas l'humour noir, elle, la mort ? [...] tous nous sommes fauchés un jour par le croche-pied rigolard de la mort imbécile, et les droits de l'homme s'effacent devant les droits de l'asticot » (Pierre DESPROGES, *Chroniques de la haine ordinaire*).

En pratique

Voici le plan d'un petit bricolage qui va faire l'admiration de tous tes amis :

La lampe magique

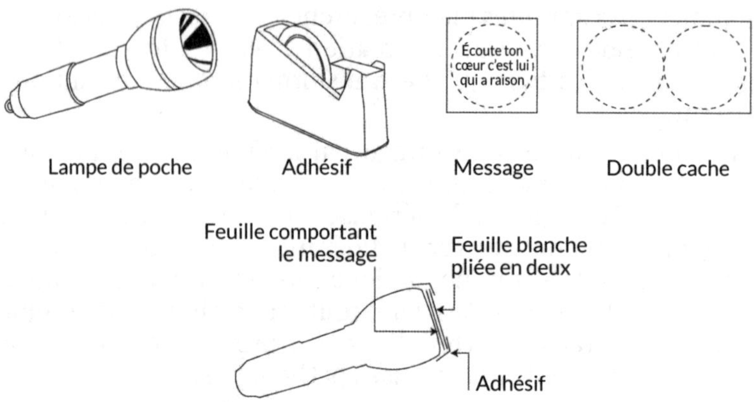

Pour réaliser la lampe magique

Dans une feuille de papier, découpe un cercle qui fasse le diamètre de la vitre de ta lampe de poche. Inscris sur ce bout de papier le message que voici : « Écoute ton cœur, c'est lui qui a raison ! » Pose ce papier sur la vitre de ta lampe de poche et recouvre-le de deux épaisseurs de papier blanc. Fixe tout ça avec un adhésif. Ça y est ! Ta lampe magique est prête !

Mode d'emploi

Va voir tes amis un par un et tiens-leur le discours suivant :

« Tu as sans doute en ce moment, un sujet à propos duquel tu ne parviens pas à prendre une décision. Parle-moi de ce sujet et dis-moi quelles sont les différentes solutions entre lesquelles tu ne parviens pas à te décider. Je vais poser cette lampe magique à côté de nous pendant toute la discussion, afin qu'elle puisse entendre ce que tu vas dire. Quand tu auras terminé, j'allumerais la lampe et elle te donnera la solution à ton problème ! »

Laisse ensuite parler ton ami(e). Si il ou elle ne parvient pas exposer clairement son problème, demande-lui : « Quelle est selon toi, la solution la plus raisonnable ? Et quelle est selon toi, la solution la moins raisonnable ? »

Quand la personne a terminé, allume la lampe d'un air triomphal en disant : « À présent, la lampe magique te donne la solution à ton problème ! »

Et admire l'effet produit !

Variante 1

Remplace le message par : « C'est celui qui dit qui est ! »

Dès que tu assistes à une dispute entre deux de tes collègues, va les voir à tour de rôle et explique-leur que ta lampe magique va servir de médiateur dans leur conflit. Demande-leur ensuite de t'exposer tout ce qu'ils reprochent à l'autre personne.

Quand ils ont fini d'exposer leurs griefs, allume la lampe magique en disant d'un air triomphal : « La lampe magique te donne à présent son avis sur ce conflit. »

Puis sauve-toi en courant !

Variante 2

Remplace le message par : « C'est exact ! »

Explique à tes amis que tu as transformé ta lampe en calculatrice électronique. Demande-leur ensuite de faire le calcul mental suivant : deux plus seize, divisé par quatre, fois trois, plus quinze. Demande-leur d'énoncer le résultat en leur expliquant que ta calculatrice va le vérifier. Quand ils sont prêts, allume ta lampe magique en disant d'un air triomphal : « Et voilà ! »

Et admire l'effet produit !

Variante 3

Tu as assez joué avec cette lampe magique. Il est temps de t'en débarrasser. Remplace le message par : « Éteins-ça tout de suite, imbécile, tu uses les piles. »

Envoie ensuite la lampe magique à un écologiste que tu n'aimes pas.

Puis ris sous cape, comme un méchant de dessin animé !

Le point de vue du professeur Foldingue

Quand on s'intéresse au rire et à l'humour, il n'est pas très fructueux de chercher sa voie du côté des philosophes !

Que de rabat-joie ! Que de pisse-froid et de tristes sires ! Il faut dire qu'une part non négligeable de nos grands penseurs était, à en croire les historiens, victimes de dépressions chroniques et de bipolarité. De Démocrite à Nietzsche en passant par Montaigne, Voltaire, Schopenhauer et Freud, l'histoire est parsemée de neurasthéniques qui n'aiment rien davantage que les grandes déclarations sinistres et misanthropes.

Une façon de voir la vie que Pierre Desproges (autre grand dépressif, mais qui avait de l'humour, lui[1]) résume avec son brio habituel : « Plus je connais les hommes et plus j'aime mon chien. »

Pendant plus de vingt siècles, ces philosophes mélancoliques dissertant sur le rire, n'ont pas réussi à produire beaucoup mieux qu'un colloque de prêtres catholiques étudiant le Kamasutra.

Cicéron affirme en 55 av. J.-C.[2] : « La province convenable du rire est restreinte aux questions qui sont, en quelque mesure, soit indignes, soit difformes ». Quinze siècles plus tard, Castiglione croit bon d'en remettre une couche : « À chaque fois que nous rions, nous nous moquons et nous méprisons toujours quelqu'un, nous cherchons toujours à railler et à nous moquer des vices ». Et pour enfoncer encore le clou, le comte de Chesterfield nous déclare au XVIIIe siècle : « Le rire est vil et malséant, surtout en raison du bruit désagréable qu'il fait et de la déformation choquante du visage qu'il entraîne quand nous y succombons ».

N'est-ce point là tout à fait ridicule ?

Selon l'Académie française, est ridicule ce qui est « digne de risée, de moquerie ».

L'idée, propagée depuis des siècles, selon laquelle nous ne pourrions rire que de ce qui est ridicule, que le rire est forcément méchant, qu'« il est toujours question de se glorifier par rapport à autrui, de sorte que lorsqu'on se rit de vous, on se moque de

1. « Celui qui ne sait pas rire ne doit pas être pris au sérieux » (Philippe Sollers).

2. La plupart des citations reproduites ici sont extraites d'une conférence de Quentin Skinner ayant eu lieu à l'École des Hautes Études en Sciences Sociales en 2001 (XXIIIe conférence Marc-Bloch). Le texte intégral de cette conférence est accessible en ligne à l'adresse suivante : http://cmb.ehess.fr/document54.html.

vous et on vous méprise[1] », cette idée me semble ridicule, même si j'hésite à en rire, de peur de lui donner raison.

Fort heureusement, quelques rares philosophes échappent à cette pensée unique et nous proposent une version plus légère de la joie et du rire, tel Spinoza : « Le rire, tout comme la plaisanterie, est une pure joie ; et par suite, à condition qu'il ne soit pas excessif, il est bon par lui-même. Et ce n'est certes qu'une sauvage et triste superstition qui interdit de prendre du plaisir ». Ouf !

Girolamo Fracastoro nous fait également remarquer que les jeunes enfants rient volontiers de tout ce qui les entoure sans que la moquerie ou la méchanceté semblent le moins du monde en cause.

Je ne ferais pas honneur à ma qualité de scientifique à la fois fou et brillant, si je ne tentais pas de résumer ces vingt siècles d'errements sur le rire, par quelques phrases bien faites, qui sauront enfin conclure cet interminable débat de façon définitive. Trois phrases suffiront :

- Le rire est une réaction nerveuse qui nous permet d'évacuer du stress. Ce stress résulte d'un conflit de pensées et/ou d'émotions. Le rire survient quand ce conflit trouve une issue soudaine et se voit résolu.
- L'humour est une proposition de changement. Cette proposition provoque un stress qui débouche sur du rire (ou un simple amusement) lorsqu'il trouve une issue, ou sur de la colère (ou de l'agacement) quand il n'en trouve pas.
- Avoir le sens de l'humour, c'est avoir la capacité de résoudre nos stress psychiques. Moins notre pensée est rigide, plus facilement nous trouvons une issue à un conflit de pensée. Développer son sens de l'humour veut donc dire « assouplir sa pensée », ou « accepter de remettre en question ses croyances et ses convictions ».

Les jeunes enfants ont le rire facile pour deux raisons :

- Leurs systèmes de pensée sont en pleine construction et se voient sans cesse remis en question. Cela provoque d'innombrables mini-stress qui se résolvent à chaque fois dans le rire.
- Ils ont une grande souplesse de pensée et résolvent très simplement leurs conflits internes en réadaptant leur façon de voir le monde.

J'ajoute que, contrairement aux apparences (et contrairement à ce qu'affirme ce clown de Bergson...), on ne rit jamais que de soi-même. Même dans le gag de la tarte à la crème ou de la peau

1. Hobbes, *The Elements of Law.*

de banane, c'est la projection automatique et inconsciente de nous-même dans la situation de l'autre qui provoque d'abord la peur génératrice de stress. Nous ne pouvons rire que de quelqu'un qui nous ressemble suffisamment pour que nous puissions nous y identifier, au moins partiellement.

- Nous ne moquons chez l'autre que les traits de caractères que nous portons en nous, de façon plus ou moins réprimée.
- Plus nous sommes durs et cruels envers nous-mêmes (c'est-à-dire plus nous réprimons violemment certaines parties de nous), plus nous rions cruellement du malheur des autres.
- Dis-moi de quoi tu ris, je te dirai qui tu es.

Développer son sens de l'humour demande un courage indiscutable. Cela implique de mettre ses propres systèmes de pensée en danger permanent. De « remettre cent fois son ouvrage sur le métier » en matière de principes de vie.

A contrario, la rigidité de pensée procure un confort incomparable. Il suffit de classer une bonne fois pour toutes chaque savoir et chaque jugement dans une case fermée à double tour pour ne plus avoir à y revenir. Dès lors, la vie et le monde sont toujours lus à travers ce filtre immuable dont on connaît par cœur les moindres subtilités. La rigidité est extrêmement rassurante car elle procure des certitudes solides autour desquelles nous pouvons très facilement nous organiser.

Malheureusement (si l'on peut dire), nous sommes vivants. Et il se trouve que la vie a une sainte horreur de la rigidité et de tout ce qui est immuable. Elle ne cesse de venir écorcher nos certitudes, allant souvent jusqu'à démontrer (quel culot, quand même !) qu'elles sont tout bonnement fausses. Et paf ! Nous voilà avec un stress que nous pouvons gérer de deux façons possibles :

- Nous accrocher à nos certitudes et souffrir et pleurer de les voir ébranlées.
- Les abandonner en riant, mais perdre au passage le formidable confort qu'elles nous apportaient.

Le souci, lorsque nous choisissons la première option, est qu'une petite partie de nous ne peut s'empêcher de noter que nos certitudes ont été remises en question. Une fois, ça va. Mais la vie continue encore et encore d'appuyer là où ça fait mal. Et avec le temps, la douleur finit par devenir insupportable. C'est pourquoi la jeunesse porte ses certitudes avec tant d'insouciance alors qu'elles deviennent cruelles avec l'âge.

Ce qui est malgré tout formidable, c'est qu'on a toujours le choix entre devenir un vieux con triste et aigri et un vieux sage incertain et heureux !

J'hésite...

Le cas d'école qui colle

Dans le cadre de mes cours pour le théâtre[1], j'ai rédigé un petit texte sur la peur du ridicule. Ce texte commente cette peur si fréquente chez ceux qui voudraient... mais hésitent à monter sur les planches.

La **peur du ridicule** me semble en étroite relation avec la capacité de faire preuve d'humour. Vaincre cette peur, c'est se donner le droit de rire de soi-même et de faire rire de soi-même. Voici donc une reproduction de ce petit texte, destiné à servir de conseil aux débutants.

La peur du ridicule

Inutile d'insister : le théâtre, c'est pas fait pour vous !

Faire le guignol devant le public en récitant des textes du Moyen Âge avec un chapeau sur la tête ou un drap en guise de trench-coat, non merci, vous n'avez pas besoin de ça.

Vous vous sentez déjà ridicule, quand il vous vient l'envie saugrenue de faire un tour sur la plage, avec tous ces gens qui n'attendaient que vous pour se gausser de votre maillot, de vos rondeurs ou de votre maigreur, alors...

Tous ces regards, braqués sur moi...

Avoir peur du ridicule, c'est avoir peur du jugement, du regard de l'autre. Si ce regard vous déstabilise, c'est peut-être que vous projetez sur les gens qui vous entourent votre propre tendance à juger à l'emporte-pièce.

Travaillez votre tolérance, votre capacité à aimer et à respecter l'autre quel qu'il soit, quelles que soient son apparence et sa nature. Travaillez dans le même temps votre capacité à vous aimer vous-même, quels que soient votre nature, vos faiblesses et vos défauts. Vous constaterez que votre appréhension diminuera peu à peu et qu'une nouvelle liberté s'offrira à vous : celle d'être à l'aise en toutes circonstances. Celle d'être vous-même et non pas « ce qu'il faut être, ce dont il faut avoir l'air ».

Le théâtre est peut-être en fin de compte une voie intéressante pour vous, car cet art étrange est ridicule par son essence même. Mais d'un ridicule qui s'assume au point de ne plus l'être du tout.

1. Voir le site www.theatrons.com.

Au théâtre, comme au carnaval, les règles sont inversées

Habillez-vous en carnaval au bureau et vous aurez l'air ridicule, déplacé, décalé. Habillez-vous en carnaval au carnaval, et vous serez magnifique.

Au théâtre, comme au carnaval, les règles sont inversées. L'acteur qui sautille et fait des grimaces avec conviction et naturel n'est pas ridicule : il est à sa place. Celui qui peine à rentrer dans le personnage et qui fait des petits sourires gênés, comme pour dire « dans la réalité, je ne suis pas comme ça » est, par contre, douloureusement ridicule, déplacé, décalé.

Le théâtre est un rêve éveillé, une histoire que l'on sait fictive et à laquelle, pourtant, on accepte de croire l'espace d'un moment. C'est un mensonge honnête, qui s'affiche pour ce qu'il est et ne trahit personne. L'acteur qui met cette magie en péril, qui prétend jouer un personnage, mais s'en abstient en même temps, est le seul qui soit malhonnête sur scène. Malhonnête et ridicule, car il n'est pas à sa place.

Dans la vie comme au théâtre, celui qui s'assume totalement, qui affiche la couleur, fait ce qu'il pense et pense ce qu'il dit, n'est jamais ridicule. Sa cohérence et son intégrité le rendent respectable, même lorsque ses choix et sa façon de pensée nous dérangent.

La notion de ridicule est ridiculement inconstante

Porter des pantalons à pattes d'éléphants était « formidable » en 1970, ridicule en 1980 et parfaitement « branché » en 2000.

Dire « c'est cool » était « cool » en 1980, ridicule en 2000 et se retrouve « vachement hype » (c'est-à-dire « méga cool ») en 2010.

Être toujours « comme il faut », c'est-à-dire non ridicule, est décidément une tâche harassante dont on ne voit pas le bout. Par bonheur, la mode du « n'importe comment » se généralise dans notre culture et permet à nos grands-mères, comme à nous-mêmes, d'être au top de la mode, quelles que soient notre apparence et notre façon de parler.

À travers la tendance « hype », héritier du mouvement « kitch » des années 1990, c'est le ridicule lui-même, c'est-à-dire le décalage, qui devient une mode.

À ce rythme-là, il sera bientôt ridicule d'être normal.

Bon, je vous laisse et je retourne au théâtre.

Quelle histoire !

Un homme très riche parcourt le monde à la recherche de la vérité. Il est las de la vie. Il a épuisé tous les plaisirs terrestres au-delà du raisonnable : alcool, drogue, sexe, vitesse, pouvoir… Il a tout consommé jusqu'à l'indigestion et cherche désespérément un sens à sa vie. Il dépense des fortunes en thérapies, se paie les plus grands gourous de la planète, va voir le pape et le dalaï-lama… rien n'y fait, il a toujours le sentiment que la vérité lui échappe.

Un jour, alors qu'il discute avec un vieux moine chinois qui lui semble un peu plus sage que les autres, il s'entend dire : « Va sur le mont Kailash, au Tibet. Le sage parmi les sages y vit en ermite au sommet. Lui saura te dire ce que tu veux entendre. » Impatient, notre homme monte immédiatement une expédition comportant une trentaine de porteurs, quatre guides et du matériel dernier cri pour affronter les conditions terribles de l'ascension. Tout le monde essaye de le dissuader : la saison n'est pas favorable, les risques sont énormes dans ces conditions. Mais il persiste et insiste et part aussitôt.

L'ascension est en effet terrible. Les porteurs meurent les uns après les autres. Ceux qui restent en vie finissent par s'enfuir. Les guides renoncent également et notre homme se retrouve seul dans le vent glacé. Ses doigts et ses pieds gèlent, son matériel se dérègle et se brise, mais il continue à monter, encore et encore, convaincu que ce voyage lui apportera enfin ce qu'il a cherché toute sa vie.

Alors qu'il atteint l'extrême limite de ses ressources et de sa résistance, il parvient enfin au sommet et connaît un moment de grâce. Passé le dernier pic rocheux, il est parvenu dans une clairière paisible. Une étrange végétation pousse là où nul ne croirait la chose possible. Le vent s'est tout à fait calmé. L'air est inexplicablement doux. Assis en zazen au milieu de la clairière, un homme magnifique semble l'attendre, profondément serein, immergé dans une méditation à la fois intense et parfaitement légère.

Notre héros est impressionné. Sa fatigue s'envole. Il s'approche lentement et s'assoit lui aussi en zazen, face au moine, dans une attitude de profond respect.

Les heures passent. Le soleil décline lentement, puis une douce fraîcheur vient avec le soir. Le moine émerge doucement de sa méditation. Il pose un regard plein de paix sur celui qu'il accueille et murmure : « Bonjour étranger. Libère-toi de ta question. »

Notre homme prend une profonde inspiration et se libère, en effet, de cette question qui l'obsède depuis si longtemps : « Dis-moi, grand sage parmi les sages, qu'est-ce que la vérité ? »

Le visage du sage reste impassible. Pendant un instant, on pourrait croire qu'il n'a pas entendu la question. Mais ses lèvres bougent imperceptiblement et il dit lentement et avec une assurance admirable : « La vérité, c'est une perle de rosée sur un pétale de lys. » Puis il retourne au silence d'un air satisfait.

Notre héros reçoit cette parole comme un choc terrible. Son souffle est coupé, son visage s'empourpre, ses yeux deviennent deux billes d'acier et tandis qu'il sent une immense colère le submerger, il grommelle en serrant les dents : « Quoi ? Sans blague ? Une perle de rosée sur un pétale de lys ? »

Puis il explose littéralement de rage et vocifère : « Et c'est pour entendre une connerie pareille que j'ai risqué ma vie et fait tout ce chemin ? »

Le moine sursaute alors et perd d'un seul coup toute sa tranquillité. Il ouvre grand les yeux, s'agite, mal à l'aise et balbutie d'un air penaud : « Pourquoi ? C'est pas ça ? »

Décembre

Apprendre à jouir de ce que l'on a déjà

« Une journée nuageuse ne peut rien contre un tempérament radieux. »
William Arthur Ward

Prends cent personnes à la sortie d'une salle de cinéma et demande-leur s'ils ont aimé le film. Un an plus tard, reprends les mêmes et demande-leur s'ils sont heureux. Tu pourras noter que, dans une forte proportion, ce seront les mêmes qui auront répondu « oui » aux deux questions. La plupart des gens qui seront heureux demain sont ceux qui sont déjà capables d'apprécier ce que la vie leur offre aujourd'hui. Ce sont ceux qui apprécient ce qu'ils ont et ne font pas dépendre leurs joies et leur bonheur de conditions à venir.

La seule condition vraiment nécessaire au bonheur est celle de ne pas y mettre de conditions. C'est ici et maintenant qu'il nous faut chercher le positif et l'enthousiasme dans notre vie. Cette attitude nous permettra de générer davantage d'occasions de nous réjouir plus tard.

Suffit-il de dire « tout va bien ! » pour que tout aille bien ? Certainement pas ! Ceux qui ont traversé une dépression, ou même une petite déprime, peuvent unanimement en témoigner : « Je m'en veux énormément d'être comme ça, alors que je sais bien la chance que j'ai... J'ai tout pour être heureux... C'est consternant... » me confiait récemment un ami dont le moral se pelotonnait bien au chaud dans ses chaussettes.

La dépression est sans doute une invention de gauche : elle touche toutes les catégories sociales sans grand discernement. Selon l'enquête décennale santé 2002-2003 de l'INSEE, elle frappe même davantage les « artisans, commerçants et chefs d'entreprise » que les ouvriers, confirmant par des chiffres, ce que le bon sens populaire sait depuis longtemps : l'argent ne fait pas le bonheur.

Depuis quelques années, les instituts de sondages et de statistiques commencent à s'intéresser de très près aux notions de bonheur[1] et de qualité de vie afin d'étudier leurs relations avec la richesse, la croissance, mais aussi la pollution, les conditions de travail, le stress et tous les autres paramètres pouvant l'influencer.

Pour ce qui est des revenus, ce que j'ai pu lire de ces études revient toujours au même constat : la richesse et la croissance font augmenter le sentiment de bonheur jusqu'à un certain seuil. Au-delà, elles perdent de l'influence sur ce sentiment. En d'autres termes, la pauvreté fait le malheur, mais la richesse ne sert à rien. Si tu pensais atteindre le bonheur en devenant millionnaire, il te faut donc changer ton fusil d'épaule. Voilà déjà une bonne raison d'essayer de te contenter de ce que tu as (à condition d'avoir déjà un minimum de revenus).

Mais si ce n'est pas l'argent, après quoi faut-il courir pour être heureux ? De très nombreux livres et articles de presse proposent des listes pleines de bon sens à ce sujet. On y trouve ce genre de choses :

- S'accorder du temps.
- Prendre soin de sa santé physique, faire du sport (tant que la santé va, tout va...).
- S'occuper de son esthétique et de son hygiène avec soin.
- Cultiver ses amitiés.
- Intégrer des loisirs dans son emploi du temps.
- Reconnaître ses intérêts personnels.
- Reconnaître et exprimer clairement ses besoins.
- Savoir constater ses propres réussites et s'en féliciter.
- Attribuer de l'importance au présent et pas seulement à ses rêves ou à ses projets.
- Être indulgent et patient pour soi-même ; agir avec soi-même comme on le ferait pour un ami cher.
- Consulter et demander de l'aide professionnelle au besoin.

Cette liste est furieusement encourageante dans le sens où toutes les recettes qu'elle propose sont à la portée de tout un chacun. Elles ne demandent aucune acquisition ni aucun apprentissage.

1. Le rapport du prix Nobel de l'économie Joseph E. Stiglit, paru en 2009 et réalisé à la demande du président Nicolas Sarkozy, propose de refondre entièrement les études permettant de mesurer la performance des économies en y incluant de nombreux paramètres relatifs à la qualité de vie.

Francis Bacon disait que « l'amitié double les joies et réduit de moitié les peines ». De nombreuses études insistent en effet sur l'importance des liens sociaux :

- Avoir une famille protège de la dépression et des maladies en général. C'est encore plus vrai si la famille en question a au moins deux enfants.
- Plus notre nombre d'amis est élevé, moins la dépression nous guette. C'est encore plus vrai si une part importante de ces amis est constituée d'amis de longue date.
- Même les collègues nous font du bien au moral. L'une des causes identifiée de mal-être des chômeurs est la rupture des liens sociaux. Les agriculteurs et d'une manière générale les professions pauvres en liens sociaux sont davantage sujets à la dépression que les autres.

La culture et la soif de connaissance semblent des éléments favorables : les cadres et professions intellectuelles ont des taux de dépression parmi les plus faibles. Mais peut-être que cela n'est dû qu'au très grand nombre de contacts sociaux que leurs métiers leur offrent.

Le fait de croire en Dieu est un facteur positif. Le simple fait de se sentir solidaire des objectifs de sa société est déjà un facteur positif pour un travailleur. J'en déduis que tout ce qui donne sens à ce que l'on fait est bon pour le bonheur.

La préférence politique joue également un rôle : on est plus heureux à droite (chez les conservateurs), qu'à gauche (chez les républicains/socialistes). La raison de cet étrange engagement politique du bonheur me semble des plus évidente : les électeurs de droite, traditionnellement conservateurs, acceptent *grosso modo* le monde tel qu'il est, ce qui est bien plus confortable que de le contester.

La sagesse semble un élément absolument déterminant. C'est en tout cas ce que je retire d'une étude de l'INSEE parue en 2008[1] et qui contient la superbe courbe que voilà, illustrant l'« évolution du sentiment de bien-être au cours de la vie » :

1. Accessible sur Internet à l'adresse suivante : www.insee.fr.

Évolution du bien-être avec l'âge

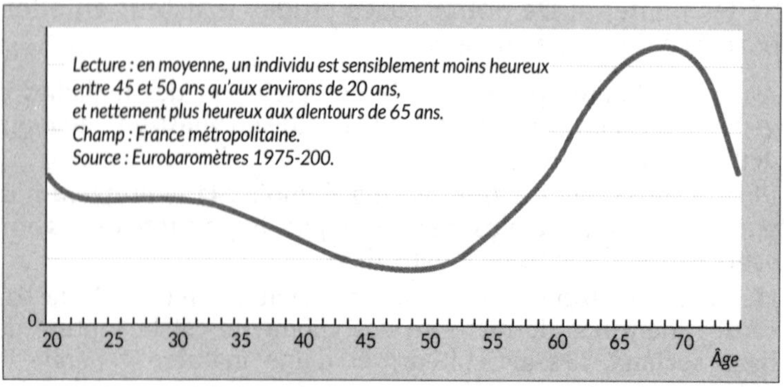

Si tu as quarante ans ou moins, dis-toi que la seule difficulté est d'avoir, à ton âge, la sagesse que l'on a normalement à soixante-cinq ans. Si tu as cinquante ans, cesse de te casser la tête : le plus dur est derrière toi et le temps va faire le travail tout seul.

Les mauvais esprits feront remarquer que l'âge de trente ans aux environs duquel la courbe commence à descendre, est celui auquel nos rejetons commencent à nous manger la plus grosse partie de notre temps libre, et que celui de cinquante ans aux environs duquel elle commence à remonter, est celui auquel ils commencent à nous lâcher les baskets. Peut-être. Mais comme j'ai dit plus haut que la famille est l'un des paramètres qui augmente la chance statistique d'être heureux, cela ne devrait pas te dissuader de contribuer à la surpopulation globale.

Honnêtement, je crois que l'âge de trente-cinq ans est surtout celui autour duquel nous investissons toute notre énergie dans nos ambitions professionnelles et consacrons le moins de temps à nous-même.

J'ai pour ma part quarante-huit ans à l'heure où j'écris ce livre et je suis un démenti flagrant aux résultats de ce sondage. Si un émissaire de l'INSEE venait m'interroger aujourd'hui, je lui dirais que je n'ai jamais été aussi heureux depuis l'âge de mes premiers émois amoureux. Qui plus est, mon bonheur actuel me semble bien plus profond, d'une qualité plus pure, que celui que j'éprouvais à l'époque en découvrant simultanément le monde et l'anatomie féminine.

L'intensité très émouvante que je retire de ma vie actuelle, repose sans doute sur très peu de chose : je vais davantage à la rencontre des autres et surtout, je mets beaucoup plus de sincérité dans cette démarche.

L'un des aspects les plus merveilleux de ma philosophie actuelle est le profond sentiment de sécurité qu'elle me procure. Quoi qu'il arrive (excepté la fin du monde), rien ne pourra me dépouiller de ce qui représente aujourd'hui ma plus grande richesse : l'humanité et ma capacité d'aller à sa rencontre.

Quand le rapport à l'autre est direct et sincère, il prend une densité qui transporte (bien plus intensément qu'une voiture de sport). Au fond, quelle autre occupation procure un plaisir plus varié et plus riche ?

« Ne désirer que ce qu'on a, c'est avoir tout ce qu'on désire. »
Jean CHARDIN

En pratique

Apprendre à jouir de ce que nous avons, c'est d'abord accepter de ne pas avoir ce que nous n'avons pas.

Quelles sont les choses que tu n'as pas, ami lecteur, et que tu pourrais désirer au point que cette envie te pourrisse ta vie présente ? Et par ailleurs, quelles sont les choses que tu as déjà et dont tu ne jouis peut-être pas autant que tu le pourrais ?

L'idée de cet exercice est de faire un point sur ces questions afin de clarifier ton point de vue sur ce qui compte *vraiment* pour toi.

Partie 1 : Ce que je n'ai pas

Comme tout un chacun, ta vie est probablement pleine d'envies et de désirs. Tu es sans doute conscient que pour nombre d'entre eux, il ne s'agit que de rêves et de fantasmes. Mais tu portes aussi des projets plus ou moins aboutis que tu as déjà commencé à mettre en œuvre, ou que tu comptes mettre en œuvre « un jour », quand les circonstances y seront propices.

Si tu as fait l'exercice proposé dans le chapitre « Être sincère avec soi-même », tu as déjà eu l'occasion de travailler sur la liste de ces rêves et projets et tu as déjà établi la différence entre ce qui appartient aux uns et ce qui appartient aux autres. Profite de cette occasion pour réviser cette liste et voir si tu es toujours en accord avec elle. Si tu n'as pas encore réalisé cet exercice, je t'invite à le faire maintenant, avant de poursuivre ta lecture.

Reprends le contenu de la première colonne de cet exercice : la liste de tes rêves, ceux dont tu es sûr, après réflexion, qu'ils ne se réaliseront jamais dans ta vie.

Il y en a que nous aimons garder au chaud dans notre esprit, même si nous savons parfaitement qu'ils ne se réaliseront jamais. Il en est d'autres que nous n'avons pas vraiment choisi de garder mais qui s'imposent à nous, qui reviennent régulièrement nous titiller, alors que nous sommes convaincus qu'il nous est impossible de les mettre en œuvre dans la réalité.

Les premiers sont assez positifs pour nous. L'homme a besoin d'entretenir une part de rêve tout au long de son existence car notre esprit ne vit pas seulement dans le monde de la matière ; il a également une vie riche et importante dans le monde de l'imaginaire. Ces deux mondes se nourrissent l'un l'autre, le monde imaginaire apportant les fruits de ses créations dans le monde réel.

La deuxième sorte de rêves, ceux qui s'imposent à nous sans que nous l'ayons vraiment choisi, porte souvent une petite part de douleur, comme un regret, parfois même une colère, qui n'est certes pas positive dans notre existence.

Il s'agit par exemple d'un amour perdu que nous rêvons de retrouver. Nous aimerions pouvoir retourner dans le passé pour y modifier ce qui ne nous convient pas. Peut-être voudrions-nous habiter sur Mars ou sur une île quasi déserte, seulement habitée par quelques magnifiques spécimens du sexe opposé au nôtre (ou du même sexe). Au registre des rêves inavouables, il est également possible que nous souhaitions être un acteur ou une actrice célèbre, adulé(e) par ses fans et traitant tout le monde avec un mépris sublime, ou encore séquestrer notre chef de bureau pour lui faire subir les pires traitements.

Même si nous sentons bien que certains de ces rêves portent une part négative et que notre vie serait sans doute mieux sans eux, il nous est d'autant plus difficile de nous en débarrasser, qu'ils s'imposent à nous sans que nous l'ayons vraiment décidé. Il s'agit souvent d'un moyen choisi par notre inconscient pour nous délivrer des messages, ou pour exprimer des colères ou des frustrations auxquelles nous n'accordons pas suffisamment de place dans notre vie.

Le fait de raconter ces rêves à des amis proches ou à un psychothérapeute peut être extrêmement libératoire. Une première démarche toute simple consiste également à les écrire, à les décrire avec le maximum de détails. Je t'encourage fortement à utiliser l'une de ces trois démarches pour te libérer de ce que ces rêves peuvent avoir de négatif dans ton existence.

Partie 2 : Ce que j'ai déjà

Revenons sur terre et examinons la réalité à travers ton passé récent. Je pars de l'idée que, bon an, mal an, tu n'es pas si différent aujourd'hui de ce que tu as pu être dans les quelques mois qui viennent de s'écouler. Je tiens comme établi que tu aimes à peu près les mêmes choses et que tu te comportes plus ou moins de la même façon.

Prends une feuille de papier A4 que tu disposeras à l'horizontal devant toi. Trace trois traits verticaux afin de délimiter quatre colonnes. Renforce le trait vertical du milieu afin qu'il soit plus épais que les deux autres.

La première colonne est celle de tes bons souvenirs. Dresse la liste des choses les plus chouettes que tu aies vécues au cours des derniers mois. Si ta vie est stable depuis plusieurs années, tu peux même noter des événements plus anciens. Pour ne rien oublier, pense à ce qu'il t'est arrivé dans le cadre de ton travail, celui de tes hobbies, en vacances, avec tes amis, avec ta famille…

Dans la deuxième colonne, en face de chacun des souvenirs que tu viens de noter, dessine un gros point d'exclamation pour les événements que tu peux reproduire quand tu le souhaites et trace une croix en face des événements qui étaient dus au hasard, et que tu ne peux pas reproduire.

Dans la troisième colonne, dresse la liste des mauvais souvenirs qui concernent la même période de ton passé.

Dans la quatrième colonne, dessine un point d'exclamation en face des événements désagréables que tu peux empêcher de se reproduire et une croix en face de ceux qui étaient purement accidentels.

À présent, barre tous les éléments qui sont en face d'une croix.

Cela dresse un portrait de **ton pouvoir sur ta vie actuelle**. Je te suggère, bien entendu, de réfléchir à la façon dont tu peux reproduire le plus souvent possible les événements de la première colonne et à celle dont tu peux empêcher les éléments de la troisième colonne d'avoir à nouveau lieu.

Si tu as beaucoup plus d'éléments dans la troisième colonne que dans la première, cela peut signifier que tu as une vision trop négative de ta situation ou alors que tu te laisses trop porter par ta vie sans exercer ton droit de contrôle sur elle. Le chapitre « Gérer nos priorités » pourra peut-être t'apporter de l'aide à ce sujet.

« Les temps sont mauvais, les temps sont difficiles voilà ce que disent les gens… Vivons bien, et les temps seront bons ! C'est nous qui sommes les temps ! Tels nous sommes, tels sont les temps. »

Saint-Augustin

Le point de vue du professeur Foldingue

« À chaque jour suffit sa peine. »
Proverbe populaire

Pour ce que j'ai pu en voir, l'incapacité à jouir du moment présent et de ce qu'il nous offre, résulte le plus souvent de quatre raisons principales qui peuvent se combiner entre elles :

- Un doute, une anxiété permanente, souvent liés au rapport aux autres. Ce doute peut s'appliquer autant au passé (« Ai-je eu raison de faire ou de dire ceci ? », « Ai-je suffisamment réfléchi », « Me suis-je suffisamment appliqué(e) »...) qu'au futur (« Que va-t-elle penser de ça ? », « Serais-je capable de ceci ? »...). Dans tous les cas, il concerne directement l'appréciation que l'on a de soi-même et pose de multiples façons une unique question : « Ne suis-je pas nul(le) et/ou méprisable ? »
- Un sentiment de culpabilité excessif et omniprésent, provoquant une vision douloureuse du passé (surtout du passé à court terme) et amenant la personne à vouloir sans cesse compenser ses fautes présumées par des services, des offres diverses, des excuses, de l'argent, etc. Le présent devient alors si chargé de « devoirs » qu'il est impossible d'en jouir tranquillement.
- Un sentiment d'insécurité excessif, qui se traduira par des inquiétudes du type : « Et si ça ne marchait pas ? » « Et si mon associé me trahissait ? » « Et si le ciel nous tombait sur la tête ? »... Ce sentiment s'accompagne d'une attente énorme, portée par l'espoir que les choses iront mieux demain.
- Un sentiment d'injustice permanent, amenant à conclure que le monde et les autres ne sont pas ce qu'ils devraient être : « La situation est intolérable », « On ne reconnaît pas mes mérites », « Le monde va mal »...

Le premier cas relève d'un manque d'*estime de soi* qui a déjà été traité dans les chapitres « Arrêter de réfléchir » et « Développer son sens de l'humour ».

Le deuxième cas relève d'un manque extrême d'*amour de soi*. Par excès d'exigence envers soi-même, on se charge de responsabilités sur lesquelles on n'a en réalité aucune prise. Les chapitres « S'aimer comme une maman aime son enfant » et « Abandonner le jugement » proposent quelques pistes pour soigner le manque d'amour de soi.

Le troisième cas relève d'un manque de *confiance en soi* et en l'univers. Les chapitres « Nous ouvrir et danser avec la vie »,

« Formuler nos demandes », « Vérifier ses peurs » et « Être sincère avec les autres », t'aideront peut-être à gérer ce type de difficultés.

Le quatrième cas relève d'une difficulté à *accepter la réalité*. Cette difficulté nous amène à vivre dans un fantasme permanent qui nous place en position de victime et nous empêche de jouir des aspects favorables de la vie, tout en bloquant nos possibilités d'agir sur elle. Les chapitres « Gérer nos priorités », « Distinguer acceptation et résignation » et « Être sincère avec soi-même » explorent cette difficulté.

Dans cette section, je vais m'intéresser à ces quatre difficultés sous l'angle du perfectionnisme, le « trop bien faire » qui est, sans le moindre doute, un immense obstacle au plaisir et au bonheur.

En matière de bonheur, plus que pour tout autre, « le mieux est l'ennemi du bien ». La perfection étant en dehors de nos possibilités, on peut éternellement chercher à faire « mieux » sans jamais recueillir de satisfaction. Cette course absurde revient à courir après l'horizon.

Le perfectionnisme amène à se voir soi-même et à voir les autres comme des machines, des ressources, que l'on se donne le droit de maltraiter, de rudoyer, sans respect pour leurs besoins profonds et leurs **limites**. Il nie le ressenti ou l'émotion, ou du moins, crée une échelle de valeur dans laquelle la « raison » et le « rationnel » sont curieusement **détachés** de l'émotion pour être placés « au-dessus »[1].

Quand les sentiments et l'émotion sont refoulés, c'est toujours l'ego (notre guerrier intérieur) qui vient occuper la place vacante. Le perfectionnisme est un mode de fonctionnement dans lequel l'ego se met à fonctionner **contre nous** (en médecine, on parlerait de *maladie auto-immune*) ou du moins, contre une partie de nous-même.

Chacun de nos modes de fonctionnement a sa raison d'être. Je suppose donc que le perfectionnisme peut avoir son utilité dans certains cas. Mais quand cette machine s'emballe, elle devient extrêmement destructrice et représente un obstacle majeur à la joie de vivre.

1. Certaines écoles de pensées désignent par le mot « mental », ce mode de fonctionnement. Ce « mental » (à ne pas confondre avec le « mental » dont parlent les sportifs) est une sorte de force maléfique qui s'oppose à notre humanité. Ses arguments semblent parfaitement logiques et cohérents. Mais ils sont, en réalité, orientés dans le but particulier de nier nos sentiments, nos besoins et nos limites. Dans le langage courant, on qualifie de « cérébrale » une personne qui fonctionne selon ce mode.

Le remède contre le perfectionnisme consiste à réunifier le rationnel et l'émotion, à réintégrer dans notre raisonnement, l'humanité qui en est exclue. Cette démarche n'est **PAS** une lutte du rationnel contre l'irrationnel, bien au contraire ! En acceptant nos émotions, nos sentiments, nos besoins et nos limites, nous amenons notre raison à **PLUS** de raison. Nous l'amenons à intégrer des paramètres **objectifs**, **réels** et **incontournables**, sans lesquels notre raison tourne à vide et devient improductive.

Je vais tout d'abord reprendre les quatre cas de figure que j'ai proposés au début de cette section pour y démontrer l'expression de l'ego. Si cette approche est trop brutale ou désagréable pour toi, souviens-toi qu'**il ne s'agit que d'une vision très partielle des choses.** Son seul but et de voir ta problématique sous un autre angle :

- Tu te demandes sans cesse si tu as agi de la bonne façon et/ou si tu es capable d'être à la hauteur dans ce que tu es en train de faire ? Tu es sans cesse en train de chercher la petite bête, le petit truc qui ne va pas ? Si tel est le cas, ton souci est probablement un excès de jugement. À ton corps défendant, il est possible que cette tendance t'amène à juger les autres autant que tu te juges toi-même. Ton regard critique t'a certainement permis de développer un grand talent pour relever les imperfections ou les erreurs des autres dans leurs façons de s'habiller ou de faire leur travail. Je t'invite à constater qu'il s'agit d'une forme de jugement. En attribuant des bons ou des mauvais points aux personnes qui t'entourent, tu te places au-dessus d'elles (tu prétends savoir mieux que les autres ce qui est bien et ce qui est mal, ou alors tu prétends voir mieux que les autres ce qui va et ce qui ne va pas). Tu as sans doute été très sévèrement jugé(e) par l'un de tes parents (ou par une personne tierce) lorsque tu étais enfant. Ce que tu faisais n'était jamais tout à fait assez bien et pouvait toujours être amélioré. Aujourd'hui, tu reproduis malgré toi ce schéma d'exigence extrême et tu te harcèles sans doute, comme on t'a harcelé(e) autrefois. Lorsque tu te juges toi-même, c'est une part de toi qui se place au-dessus d'une autre part de toi. Ne pourrais-tu pas réconcilier ces deux parties ?
- Tu te sens sans cesse responsable, ou coupable de quelque chose ? Tu passes ton temps à dire « pardon » ou « excusez-moi » ? Tu te soucies énormément des autres ? Si tel est le cas, tu as sans doute été humilié(e) par l'un ou par tes deux parents qui te reprochaient trop durement tes erreurs et tes faiblesses (mais aussi, peut-être, celles de tes frères et/ou sœurs). Le fait d'être traité(e) en adulte alors que tu n'étais encore qu'un(e) enfant t'a mis sur le dos des responsabilités qui ne t'appartenaient pas. Il est probable que tu perpétues aujourd'hui ce comportement en t'accusant toi-même

à tort et à travers. Ce faisant, tu t'accordes une importance qui dépasse celle que tu as en réalité. Dans la plupart des situations pour lesquelles tu te sens responsable ou coupable, tu n'avais sans doute aucune chance d'éviter ce qui s'est produit (tu ne contrôles évidemment pas l'univers à toi tout(e) seul(e) !). En prenant trop de choses sous ta responsabilité, tu déresponsabilises les autres et tu nies leur droit à diriger leur existence. Prends conscience que ton souci des autres et ta culpabilité permanente peuvent être vécus comme gênants et humiliants pour eux, car tu les traites comme des enfants en niant insidieusement leurs propres responsabilités et/ou leur capacité à choisir par eux-mêmes. Il est possible qu'en lisant ces lignes, tu te sentes coupable de te sentir coupable. Si tel est le cas, je t'invite à constater à quel point cette idée est insensée. As-tu décidé de te sentir coupable ? N'es-tu pas plutôt victime de ce sentiment ? En es-tu l'auteur ou le sujet ? N'y aurait-il pas deux parties en toi ? Un bourreau et une victime ? Ne pourrais-tu pas réconcilier ces deux parties ?

- Tu crains sans cesse pour l'avenir, pensant qu'il vaut mieux prévoir le pire plutôt que d'avoir une mauvaise surprise ? Dans le même temps, tu portes l'espoir immense que tout ira mieux demain, la semaine prochaine ou dans un an ? Tu te méfies de tout et de tous, suspectant toujours tes relations d'un possible mauvais coup à ton égard ? Tu places tellement d'espoir sur les gens qu'ils finissent toujours par te décevoir ? Si tu te reconnais dans ce portrait, ton souci est sans doute un excès de contrôle sur ton environnement. Tu as peut-être été victime d'une tendance à la manipulation de la part de l'un de tes parents ou d'un autre référent. Chantage affectif, abus de la technique de la carotte et du bâton, menaces répétitives, ou autre, t'ont convaincu que tout se négociait, y compris les échanges affectifs. Cette forme d'éducation t'a privé(e) du don véritable, celui qui est inspiré par l'amour. Il en résulte pour toi une immense difficulté à accorder ta confiance et à vaincre ta peur de la trahison. Pour tenter de te rassurer, tu exerces un contrôle permanent sur les personnes de ton entourage et cela consomme une part considérable de ton énergie. Tu donnes l'impression de quelqu'un de fort(e) et d'assuré(e), alors qu'en réalité, tu ressens un grand manque de confiance en toi et en l'Univers. Si ton assurance s'appuie sur ton ego, c'est qu'il lui manque une source profonde qui doit partir du cœur et se nourrir d'amour. Ta tendance au contrôle peut t'amener à te comporter comme si tu étais le (la) seul(e) à savoir ce qui est bien et juste alors que tu as sans doute plus de doutes à ce sujet que la plupart des gens qui t'entourent. Mais alors, qui parle et qui agit, lorsque tu prétends être sûr(e) de toi ? Est-ce toi ou seulement une partie de toi ? Ne pourrais-tu pas réconcilier la part qui doute avec celle qui roule des mécaniques ? Les deux parties n'y gagneraient-elles pas ?

- Tu n'as jamais (ou pas beaucoup) de chance ? Le monde est injuste et mal foutu, il court à sa perte ? La vie est une vacherie[1] ? Nos hommes politiques sont faibles et/ou incompétents ? Les multinationales ravagent le système climatique pendant que les systèmes financiers étranglent le peuple ? Nul doute qu'il est très difficile de trouver le bonheur dans ces conditions ! Si ce genre de pensées t'est familier, je t'invite à constater que ta tendance à condamner ceux qui dirigent le monde émane sans doute de ton ego puisqu'elle te place au-dessus d'eux. Nous voudrions tous que le monde soit « meilleur ». Et nous voudrions tous ne jamais commettre d'erreur et ne jamais avoir de pensées erronées. Mais lorsque ces désirs tournent à l'obsession et condamne l'accès au bonheur quotidien, il y a un déséquilibre qui tient sans doute de la rigidité et qui repose sur un manque d'estime de soi. Si tu souhaites très fort que le monde change, c'est peut-être que tu souhaiterais en réalité pouvoir changer toi-même. Seulement voilà, changer reviendrait à admettre que ce que tu étais avant était « faux », incorrect, imparfait, erroné, injuste. Et l'idée que tu puisses être dans l'erreur, t'est difficile à gérer, compte tenu de tous les efforts que tu fais en permanence pour éviter cela. Une part de toi refuse obstinément d'évoluer, alors qu'une autre part de toi désire tellement évoluer qu'elle projette ce désir sur le monde entier. Laquelle de ces deux parts est toi ? Laquelle te semble la plus juste ? Ne serait-il pas intéressant de pouvoir les réconcilier ?

Notre sens des responsabilités est souvent orienté d'une très étrange façon : nous estimons que nous avons le devoir de réussir socialement, de gagner de l'argent et du pouvoir, de gagner un statut qui nous assurera de l'admiration et de la reconnaissance. L'ego, « boosté » par notre perfectionnisme, renforce ces croyances, car les défis et la confrontation sont ses domaines de prédilection.

En vérité, nous n'avons aucun devoir de ce genre et c'est tant mieux car nous sommes bien incapables de réussir tout cela ! L'argent, le pouvoir et le statut social que nous obtenons sont dus – en majeure partie – à notre culture, aux études que nous avons eu la chance de suivre et/ou aux talents dont la nature nous a dotés à notre naissance. Même notre ténacité et notre courage, nous les devons aux valeurs qui nous ont été inculquées par notre famille ou par la vie elle-même. Rien de cela ne nous appartient réellement : nous n'en sommes que les dépositaires. **La seule chose que nous puissions prétendre posséder est la joie et la**

1. Dans *L'Art de ne pas travailler*, l'écrivain américain Ernie J. Zelinski ironise sur cette question : « La vie est difficile, certes, mais en comparaison de quoi ? »

peine que nous éprouvons au quotidien : celles-là, personne ne peut les vivre à notre place, elles ne sont destinées qu'à nous, n'appartiennent qu'à nous. Notre seule véritable responsabilité (et c'est une grande responsabilité !) est de savoir jouir de ce que la vie nous offre. Cela nous donne la possibilité de redistribuer cette joie lorsque nous le souhaitons.

Tu pourras sans doute calmer les ardeurs de ton ego en constatant à quel point le pouvoir que nous exerçons sur nos vies et, en réalité, limité et à quel point nos ambitions nous sont souvent imposées par notre culture ou notre éducation.

Tu pourras ensuite tenter de **réconcilier** les différentes parties de toi qui sont en conflit entre elles. Il suffit pour cela **de ne plus t'identifier à une seule de ces parties**. Tu dois prendre conscience que ton « je » englobe l'ensemble de ce qui te compose et non pas seulement telle ou telle tendance. Chaque part de toi mérite d'être écoutée et prise en considération. Nier, critiquer ou empêcher l'une d'elles de s'exprimer, revient à vouloir s'amputer soi-même. Cela s'accompagne d'un conflit intérieur et d'une grande souffrance. Pour accepter toutes les parties qui te composent, tu devras sans doute abandonner certaines de tes croyances. Mais si cela t'apporte de l'apaisement et du bonheur, quel est l'intérêt de ces croyances ?

Comme le faisait remarquer Maslow 1, nous avons besoin d'un minimum de confort et de sécurité pour être à même d'apprécier notre vie, pour ne pas dépendre en permanence de la satisfaction de nos besoins vitaux : nourriture, sommeil, etc. **Assurer les conditions de sa survie et d'un peu de sécurité est la première étape indispensable à la construction de sa vie.** Pour le reste, il t'appartient de choisir à quoi tu consacres ton énergie et nul ne peut faire ce choix à ta place, nul ne peut t'obliger à t'inscrire dans une voie plutôt qu'une autre. Comme le montre l'étude que je cite au début de ce chapitre, à partir d'un certain seuil, la richesse n'a plus qu'une influence minime sur le sentiment de bien-être. Ce seuil est bien plus bas que tu pourrais le croire. Il est donc intéressant que tu te demandes si les objectifs que tu poursuis actuellement dans ta vie et la façon dont tu tentes de les réaliser, présentent réellement de l'intérêt pour toi.

Autorise-toi à être imparfait. Je vais dire des gros mots : autorise-toi à être médiocre, moyen, passable, banal. Fais-en un minimum et essaye simplement d'y prendre du plaisir. Un plaisir simple, débarrassé de toute prétention. Dans un premier temps,

1. Voir le chapitre « Gérer ses priorités ».

tu éprouveras sans doute un grand sentiment d'inconfort. Mais tu seras probablement surpris de constater à quel point cela te rendra ensuite heureux, puis meilleur à tes propres yeux !

Le cas d'école qui colle

J'ai été longtemps dans l'incapacité de jouir de la vie, à cause de mon perfectionnisme. Pour ce chapitre, je ne choisirai pas d'exemple en particulier car le perfectionnisme, quand il est présent, s'applique à chacun des gestes que nous effectuons chaque jour.

Je crois avoir remporté quelques victoires sur lui. Voici la liste de « trucs » qui m'ont beaucoup aidé :

- Pour chacun de mes projets, au lieu de définir mon objectif d'une seule façon, je me fixe un seuil « optimiste », un seuil « pessimiste » et un seuil « raisonnable ». J'essaye ensuite de viser le seuil « raisonnable » en m'interdisant d'aller plus loin. Voici un exemple : le matin, je dresse la liste des choses que je dois absolument faire dans la journée. Supposons que j'arrive à quatre actions. Je supprime l'une de ces actions et je la reporte au lendemain. S'il me reste du temps dans la journée, j'en profite pour moi-même. Si je constate par contre que je suis à peine parvenu à faire mes trois actions, je prends clairement conscience que mon planning initial était trop important et que je dois revoir ma façon d'établir mes plannings.
- Je prends clairement conscience que « mauvais » et « bien » ne sont pas des synonymes. Cela peut ressembler à un gag. Pourtant, j'ai pu constater qu'à chaque fois que quelqu'un me disait que ce que j'avais fait était « bien » ou « pas mal », je réagissais en me disant : « Il n'a pas dit super, génial ou parfait… j'ai été mauvais. »
- Le perfectionnisme vient du refus de nos limites naturelles. Dans notre façon de fonctionner, nous admettons difficilement que certaines choses nous sont impossibles (en tout cas dans le délai ou avec les moyens dont nous disposons pour les réaliser). Le plus simple, pour me recoller les pieds sur terre, est de regarder mes « échecs » en face. À chaque fois que je ne parviens pas à atteindre l'un de mes objectifs, je me dis que cet objectif était trop élevé pour moi, et non pas que je n'ai pas été assez « bon » pour l'atteindre. Je suis beaucoup plus performant en étant réaliste et en me fixant des objectifs à ma hauteur, plutôt qu'en surévaluant mes ressources. Au lieu de travailler sans cesse sur mes compétences et sur ma capacité à me dépasser, je travaille plus honnêtement sur le regard que je porte sur moi et sur les choses. J'améliore ainsi ma lucidité et mon pragmatisme et je cesse de déplacer des montagnes quand il suffit de les contourner.
- Quand je pense que j'ai atteint un objectif de façon « à peine satisfaisante » et que je m'apprête à y retravailler, afin d'améliorer ce que j'ai fait, je m'oblige à laisser les choses en l'état et je consacre du temps à valoriser pour moi-même ce que j'ai déjà

fait. J'essaye de voir en quoi les « imperfections » qui demeurent peuvent, en fait, présenter un avantage. Je mesure le temps et l'énergie que je gagne en évitant de vouloir faire mieux et je constate que ces ressources peuvent me servir à faire autre chose qu'il me sera impossible de réaliser si je m'obstine dans mon perfectionnisme.

- Je distingue clairement ce qui est possible « en théorie » de ce qui est possible « en réalité ». Je ne dispose pas d'un temps infini ! Si je ne peux me guérir de mon perfectionnisme, je l'oriente vers une meilleure utilisation de mon temps et de mes ressources plutôt que vers leur gaspillage. J'intègre mes besoins naturels dans mes calculs : j'ai besoin de repos pour être efficace. J'ai besoin de « débrancher » de temps à autre pour être plus performant. Si j'oublie ces paramètres, je serai encore moins « parfait » dans ce que je fais. C'est une réalité incontournable car je suis un être humain !
- Je prends conscience que je mérite du bonheur et des joies simples, autant que n'importe qui. Il n'est écrit nulle part qu'une souffrance permanente est nécessaire pour mériter de vivre. Dans le passé, la vie m'a offert mon lot de difficultés. Elle m'en offre encore. Mais elle m'offre également des joies simples. Pourquoi ne prendrais-je pas cette part-là aussi ? Est-ce vivre pleinement, est-il juste de choisir toujours la part difficile des choses ? Est-ce équilibré ? Si je ne profite pas de ma part de plaisir et de joie, personne n'en profitera à ma place. Vais-je laisser cette belle énergie se disperser ? Est-ce rendre hommage à la vie que ne prendre qu'une partie de ce qu'elle me donne ? Et si je procède ainsi, qu'aurais-je à offrir aux autres, à part ma souffrance ?

Comme le fait remarquer le professeur Foldingue, le perfectionnisme est lié d'une manière ou d'une autre à l'ego. Il nous entraîne à viser des hauteurs que nous sommes bien trop petits pour atteindre. Pour ce qui me concerne, l'humilité m'est devenue possible à partir du moment où j'ai fait le constat honnête que mon existence ne correspondait pas à ce que je souhaitais et que toute ma force et mon intelligence ne m'avaient pas apporté le bonheur auquel j'aspirais. J'ai été amené à constater que je n'étais pas capable de réussir à obtenir ce que je désirais le plus. Pire encore : plus je me démenais et plus je m'éloignais de ce que je voulais. Tout ce que j'obtenais par mes efforts était en fin de compte décevant et dépourvu de sens. Il m'a fallu me déclarer « incompétent » et parvenir à digérer la blessure profonde que cela a provoquée chez moi pour trouver enfin une voie vers le bonheur. **L'acceptation de mes limites a été la clé.**

Parallèlement, je me suis battu avec force contre la croyance que toute joie devait se « payer » par un effort ou une souffrance. La vie n'est ni un supermarché ni une vente aux enchères. La joie et le plaisir ne s'achètent pas et ne se négocient pas. Le bonheur n'a pas à se payer. Chaque instant m'offre l'occasion d'être heureux sans que cela nuise à qui que ce soit. Mieux encore : plus je profite de ce que la vie m'offre de positif et plus je suis en mesure de redistribuer de la joie aux autres. Plus je consomme, plus mon compte est positif. Cette économie n'a décidément rien à voir avec celle de l'argent !

Dès que la vie me souriait un peu, une partie de moi demandait : « Est-ce que je mérite ce que j'ai ? » À vrai dire, la question complète était : « As-tu suffisamment souffert pour mériter cela ? » Et cette partie malveillante de moi-même se débrouillait par un moyen ou un autre pour me faire perdre ce que je venais de gagner.

Ce fonctionnement était basé sur l'idée erronée que tout ce que j'obtenais, je le prenais forcément à quelqu'un. Or, la vie ne fonctionne pas de cette façon. Il est des jours où le soleil brille. Si personne n'est là pour le regarder, il ne brillera pour personne. La vie est une corne d'abondance qui nous offre en permanence des occasions de nous enrichir à la fois matériellement et spirituellement. La seule condition pour mériter tout cela est d'être capable d'y puiser, ce qui est moins simple qu'il n'y paraît. Je sais aujourd'hui que je ne suis que locataire de la plupart des choses que je croyais posséder. Et pour le reste, si j'ai ce que j'ai, c'est que la vie me l'a offert et que j'ai pu l'accepter. **Que cela soit juste ou injuste ne dépend pas de moi.** Objectivement, je n'ai aucun pouvoir sur cela.

La question du mérite est vide de sens. Je la remplace aujourd'hui par une autre forme de question[1] qui m'apporte bien plus de réponses : Suis-je digne de ce que j'ai ? Suis-je digne de ce que je suis ? Suis-je digne de courir sans fin après l'argent et la reconnaissance des autres ? Est-ce là ma mission de vie ? De quoi suis-je digne en réalité ? Ne serait-ce pas plutôt d'être aimé et d'aimer ceux qui m'entourent ? Cette question de **dignité** m'a permis d'y voir plus clair dans un grand nombre de cas. Elle me permet de me repositionner sur ce qui importe réellement pour moi.

1. Proposée par Arnaud Desjardins dans son livre *L'audace de vivre*.

Quelle histoire !

Le cheik Ali-ben-Crésus, multimilliardaire au-delà de toute décence, s'apprête à passer un week-end dans un palace qui ne compte plus ses étoiles. Comme de coutume, son majordome vient d'abord effectuer une inspection pour s'assurer que rien ne viendra troubler l'humeur de son maître.

Le directeur de l'hôtel est dans ses petits souliers car la venue du cheik Ali-ben-Crésus lui assurerait une formidable publicité… et un joli pactole car cet homme excentrique dépense absolument sans compter.

À peine arrivé dans le hall, le majordome regarde le sol et fronce les sourcils :

— Qu'est-ce que c'est, ces taches par terre ?

— Des taches, monsieur ?

— Ne faites pas l'imbécile, vous voyez bien qu'il y a des taches par terre, non ?

— Mais monsieur, c'est du marbre du Pentélique, un marbre italien très haut de gamme. Alors… évidemment… c'est… marbré.

— Je m'en fous. Mon maître n'aime pas les taches.

— Mais monsieur, nous ne pouvons pas refaire tout le sol ! Vous n'y pensez pas ! Ça va coûter une véritable fortune !

— Je crois qu'on ne s'est pas bien compris. L'argent n'est pas un problème, d'accord ? Je veux que vous m'enleviez ces taches, quel que soit le prix que ça coûte. Si ça n'est vraiment pas possible, j'oublie votre hôtel et le cheik ne viendra jamais chez vous ! Est-ce que c'est clair, cette fois ?

— Parfaitement, monsieur !

— Bien ! On continue, alors ?

— Oui monsieur !

Le majordome inspecte ensuite chaque détail de l'hôtel et demande un nombre effarant de modifications dans le bar, l'ascenseur, la salle de bains de la suite, la chambre, la piscine et la salle de sport. Mais puisque l'argent n'est pas un problème, le directeur de l'hôtel prend note sans protester davantage.

Ils arrivent enfin sur la merveilleuse plage privée de l'hôtel, dont le directeur est particulièrement fier. Le majordome reste un instant face à la mer, fronce les sourcils, soupire d'un air agacé et dit :

— La plage fait douze kilomètres, c'est ça ?

— Oui, monsieur.

— Vous allez pouvoir m'enlever les petits coquillages que je vois dans votre sable sur toute la longueur de la plage ? Le cheik aime bien quand le sable est fin et blanc, tout blanc, vous voyez ?

— Bien sûr, monsieur !

— Bon... Et c'est quoi, ces trucs sur l'eau ?

— Les vagues, monsieur ? L'écume des vagues ?

— Ouais... C'est pas beau. La mer, c'est beau quand c'est bleu turquoise. Vous me virez ça, d'accord ?

— Mmmm... heu... Oui, monsieur.

— Et dans le ciel, pareil ! Je veux pas de nuages, OK ?

— Ce sera fait, monsieur. Comptez sur moi !

Quand le grand jour arrive, le cheik Ali-ben-Crésus entre dans le hall et regarde le sol parfaitement blanc d'un air satisfait. Une blonde époustouflante est à ses côtés. Visage, poitrine, corps... tout en elle est parfaitement proportionné et dégage une beauté irréelle.

Ils décident de s'installer immédiatement sur la plage pour y prendre un petit rafraîchissement. Le cheik enlève ses babouches, fait quelques pas sur un sable d'une finesse et d'un blanc absolus, puis fait signe à sa splendide compagne de venir s'allonger avec lui. Ils savourent tous deux le paysage magnifique qui s'étale devant eux, puis le cheik demande :

— Ça te plaît, ma chérie ?

— Beaucoup, c'est très beau. J'aime la mer.

— C'est vrai... Moi aussi, je me sens bien. Tu vois, ma chérie, quand nous sommes ainsi, tous les deux... toi si belle, sur ce sable si blanc, devant cette mer si bleue et ce ciel si pur... je me dis qu'il faut peu de chose pour être heureux et que l'argent... bah... l'argent, au fond, n'a aucune espèce d'importance...

13e mois

Le sentier qui monte sur la colline d'où l'on voit toute la vallée

« Combien d'instants y a-t-il dans un quart d'heure ? »
Bodil JÖNSSON [1]

Je crois bien avoir omis de te dire quelque chose d'important dans l'introduction de ce livre : il comporte au total plusieurs dizaines de milliers de pages.

Tu ne tiens entre les mains que le début de cette œuvre magistrale, la part que j'ai moi-même écrite. J'espère t'avoir livré tous mes « trucs » de baroudeur, en toute sincérité, à travers le guide de voyage que je t'ai invité à suivre.

Le reste de ce livre devra être écrit par toi. Il est donc temps que je te parle un peu de la façon dont j'ai tracé mes sentiers afin que tu fasses tranquillement de même.

Une question jalonne chaque sentier du développement personnel (et plus généralement de la recherche de la sérénité et du bonheur) : celle du « pourquoi ? » Pourquoi vouloir changer ? Pourquoi vouloir mieux (ou plus), alors, qu'après tout, nous avons bien réussi à vivre jusque-là avec ce que nous étions. Changer demande un effort considérable, une certaine forme de discipline sans laquelle rien n'est possible. Il ne s'agit pas seulement de mobiliser tout notre courage pendant une période donnée : il faut que notre volonté garde toute sa puissance pendant de longs mois, parfois de longues années, pour qu'enfin on puisse constater une évolution tangible, une disparition de nos peurs ou de notre mélancolie. Et même alors, il arrive qu'elles ressurgissent en vagues, comme des fantômes qui tenteraient désespérément de survivre.

1. Célébrité suédoise, mathématicienne, physicienne et philosophe, elle a écrit de nombreux ouvrages sur la question du temps.

Notre désir de changer se nourrit souvent de nos douleurs passées ou présentes : *Je ne veux plus vivre ça, j'en ai assez de répéter les mêmes schémas, les mêmes erreurs...* Mais cette sorte de motivation ne peut hélas aboutir que sur un repli sur soi, un renoncement à quelque chose. **La simple vision des obstacles ne suffit pas à dessiner un parcours vers le bonheur**. Les sentiments que nous éprouvons comme « négatifs » (peur, colère, tristesse, désespoir...) ne peuvent nourrir qu'eux-mêmes et ne sauraient nous guider vers les sentiments que nous éprouvons comme positifs (paix, plaisir, joie, bonheur, sérénité...)

Un choc brutal (la perte d'un être cher, un accident, une grave maladie ou une dépression) nous donne parfois l'opportunité, à travers la profonde remise en question qu'il provoque, de « redistribuer les cartes » de notre personnalité et de sauter en une seule fois au-delà de nombreuses difficultés qui nous semblaient insurmontables. D'innombrables personnes témoignent ainsi d'un soudain appétit de vivre, d'une redécouverte du bonheur, à la suite d'un accident ou d'un traumatisme. Mais même lorsqu'un événement exceptionnel de ce genre vient « booster » notre potentiel, il me semble qu'aucune avancée vers la joie de vivre n'est possible si l'on ne détient pas au fond de soi, l'idée, au moins vague, de la direction à suivre.

Et en parlant d'« idée », je sens bien que je n'emploie pas tout à fait le mot juste. Il me semble que la seule lumière capable d'éclairer l'ensemble du parcours qui mène au bonheur est celle de la foi. Une foi pour quelque chose de plus grand que soi, une foi dans l'ordre des choses.

Il m'importe d'être très précis sur ce point : je ne tiens nullement à défendre l'une ou l'autre des diverses religions que l'humanité a pu construire. À vrai dire, je garde envers elles une grande prudence en raison des récupérations dont elles ont fait l'objet tout au long de l'histoire pour devenir des instruments de contrôle et d'oppression.

La religion est une structure construite autour de la foi, une structure censée la soutenir, la renforcer et la rendre plus accessible. À ce titre, les diverses écoles de développement personnel qui fleurissent depuis les années 1970, et même les écoles de philosophie qui existent depuis des millénaires, peuvent être considérées comme des religions informelles. Ce livre, lui-même, peut être considéré comme tel.

Je me méfie des religions et – ne serait-ce qu'au nom de la liberté de pensée – je ne peux que t'encourager à la plus grande prudence à leur égard. Mais même si cette prudence t'amène, d'une façon ou d'une autre, à prendre ou à garder tes distances, il ne s'agit pas de jeter le bébé avec l'eau du bain.

J'ai déjà parlé de la puissance de « déplacement du je », dans le chapitre « Être sincère avec soi-même ». C'est seulement en cessant de nous considérer nous-même comme la somme de nos expériences passées et des diverses contradictions que nos conditionnements ont gravées en nous, c'est seulement en nous désindentifiant de tout cela, qu'on acquiert la liberté d'évoluer vers ce que nous voulons, ou peut-être vers ce que notre nature profonde, notre karma ou Dieu, a voulu que nous soyons.

Ce que j'appelle la « foi », cette conscience d'appartenir à quelque chose de plus grand que soi, à un Dieu ou un Univers qui nous dépasse en complexité, en subtilité et en durée, permet d'agrandir encore ce que nous entendons par « je ». En ayant conscience que j'appartiens à un **tout** qui dépasse infiniment les limites de mon corps et de ma volonté, je m'identifie partiellement à ce **tout** et je repousse infiniment les murs qui emprisonnaient mon « je ». Voilà ce que signifient pour moi les expressions « enfant de Dieu », « fille/fils de l'Univers », ou à moindre échelle « citoyen du monde ». Cette perspective élargie me semble tout à fait indispensable dans mes avancées vers le bonheur.

En considérant que j'appartiens au monde/à l'univers, j'atténue mon sentiment de solitude et je court-circuite ma peur d'en être exclu. Le combat que mène mon ego pour défendre la particule microscopique que représente mon corps dans ce vaste univers, perd de son sens. Ma rébellion, ma révolte, se calment, ouvrant la porte à l'acceptation de ce qui est.

Comment pourrai-je être durablement en paix avec moi-même si je ne suis pas en paix avec le reste du monde ? Et comment pourrai-je être en paix avec le reste du monde si je n'accepte pas **pleinement, inconditionnellement** ce qu'il est ? TOUT ce qu'il est ?

Le statut de « fils de l'Univers » me donne l'humilité nécessaire pour accepter mon incapacité à juger le monde.

Qui suis-je pour décider que la Vie s'est trompée en créant l'homme ? Qui suis-je pour décider qu'il ne devrait pas y avoir de maladie, de violence ou de guerre ici-bas ? Qui suis-je pour décider de ce qui est bien ou mal ? Qui suis-je pour juger l'humanité alors même que j'y participe en tant que particule ?

Les gènes qui ont formé mon squelette et ma chair traversent le temps depuis plusieurs milliards d'années. Peu importe que je me charge de les transmettre ou non, à travers ma descendance.

À travers celle de mes frères, de mes cousins et de mes arrière-cousins, ils animeront probablement encore des êtres vivants dans plusieurs milliards d'années. La durée de mon existence est incroyablement brève face à la quasi-éternité de cette force qui m'anime et dont je ne profite qu'un infime laps de temps.

De même, la culture qui a créé mon esprit et a formé la plupart de mes pensées et de mes conditionnements, évolue depuis des milliers d'années et ne fait que traverser brièvement mon existence vers une forme que j'ignore.

La magie de mon statut est qu'il ne m'interdit nullement d'avoir une intention, une volonté, face à tout cela. Cette volonté fait partie de ma « nature » et par conséquent, de l'ordre des choses. Ainsi, j'agis, à mon échelle minuscule, pour changer le monde, tout en acceptant pleinement ce qu'il est. Ainsi, j'agis et par conséquent, je vis, non plus dans un esprit de révolte, mais en accord avec l'univers. En paix.

Pour dire les choses autrement, cette approche m'amène à comprendre que **je ne dois pas faire de mon existence une affaire personnelle**.

Que ce soit d'un point de vue intellectuel ou spirituel, rien ne justifie de croire que ma vie m'appartient, comme on dirait d'une voiture : elle est à moi, elle m'appartient. Je peux l'aimer, en jouir et en prendre soin sans y investir pour autant un sentiment de possession.

Je ne dois pas faire de mon existence une affaire personnelle.

Voilà où me mène cette foi qui me semble indispensable au bonheur : au détachement.

Et cette notion peut sans doute suffire à résumer tout ce livre car sa pleine application permet et/ou découle de chacune des idées développées dans les douze chapitres que je t'ai proposés : le détachement permet de danser avec la vie et de jouir de ce que l'on a, il rend le jugement et les peurs caduques, balaie la résignation et amène à une sincérité qui coule de source. Ma thèse est que ce chemin mène nécessairement à la compassion et à l'amour de soi et des autres pour une raison excessivement simple : l'amour est agréable à vivre. Dès lors que je n'ai plus de raison de m'en passer, ma tendance naturelle est de m'en abreuver.

Hélas, en développant ce thème, je ne fais que te proposer un concept de plus, parmi tous ceux que ce livre comporte déjà. Et au fond, j'ai bien peur que les concepts ne soient pas d'une grande utilité. Ils peuvent préparer notre esprit à évoluer, ils peuvent abattre des barrières que notre mental avait érigées devant nous, mais ils n'agissent jamais qu'au niveau de l'esprit, c'est-à-dire de façon **virtuelle**.

Même un concept juste, profond, parfaitement exprimé et que tu auras entièrement intégré, ne pourra pas véritablement changer ta vie si tu ne te l'appropries pas, si tu ne l'appliques pas, si tu ne l'expérimentes pas, si tu ne transformes pas cet objet **virtuel** en objet **réel**.

C'est pourquoi je voudrais insister avec force sur la nécessité de pratiquer les exercices de ce livre. J'ai bien peur que tout le reste ne soit qu'un tas de mots inutiles si tu ne tentes pas d'ancrer ces idées dans TA réalité à travers ces exercices.

Les idées peuvent parfois ouvrir des portes et j'espère vivement que ce livre en est capable. Mais si tu ne franchis pas ces portes, si tu ne t'impliques pas personnellement dans une recherche et une expérimentation de ce que ces idées peuvent t'apporter, je doute qu'elles aient la moindre influence sur ton existence.

Il est tentant de croire qu'une fois que nous avons « compris » les choses avec notre intelligence rationnelle, le travail est terminé. Si tel était le cas, nous serions toi et moi, comme des millions d'êtres humains, parvenus au nirvana depuis longtemps, car les idées sages et les concepts intelligents ne manquent pas dans les centaines de milliers de livres qui ont pour sujet l'« art de vivre ».

Nous savons pourtant qu'il n'en est rien. Nous sommes nombreux à avoir « tout compris » et à nous perdre encore et encore sur des sentiers qui se croisent et se recoupent, prenant parfois l'allure d'un labyrinthe vers le bonheur plutôt que celle d'une belle autoroute.

Si tu as lu ce livre en entier, si les principes que j'y expose ont recueilli ton adhésion, je t'invite avec insistance à mettre ses exercices en pratique et à t'en inventer d'autres par toi-même. Rien ne permet vraiment d'anticiper ce que l'expérience nous amène à vivre, à ressentir et finalement à changer en nous. **Aucun concept ne peut rivaliser avec la puissance d'une émotion vécue.**

Pour ma part, j'espère avoir su te retransmettre la plupart des petites graines dont je parle dans l'introduction de ce livre. Certaines se plairont peut-être dans ton jardin personnel, malgré les climats différents qui règnent chez toi et chez moi (la Nouvelle-Calédonie où j'habite, bénéficie d'un climat tropical !). Certaines ne parviendront pas à faire de racines. C'est ainsi.

Je te souhaite en tout cas d'ajouter de nombreux chapitres à ce livre. Car dans mes croyances personnelles, il en est une qui dit :

le chemin vers le bonheur est infini, on peut y progresser encore et encore, sans jamais trouver de limite à son expansion.

« Le présent n'est pas un passé en puissance,
il est le moment du choix et de l'action. »
Simone DE BEAUVOIR

Bibliographie

Ouvrages

Ancelin Schützenberger Anne, *Psychogénéalogie : guérir les blessures familiales et se retrouver soi*, nouvelle édition augmentée, Payot, 2012.

Bettelheim Bruno, *Psychanalyse des contes de fées*, Pocket, 1999.

Bourbeau Lise, *Les 5 blessures qui empêchent d'être soi-même : rejet, abandon, humiliation, trahison, injustice*, 5e édition, Éditions ETC, 2000.

Cuzacq Marie-Laure, *Le Bonheur : apprendre à être heureux*, Éditions ESI, 2011.

Dalaï-lama & Cutler Howard, *L'Art du bonheur : sagesse et sérénité au quotidien*, J'ai lu, 2000.

Delerm Philippe, *La Première Gorgée de bière : et autres plaisirs minuscules*, Gallimard, 1997.

Desjardins Arnaud, *Premiers pas vers la sagesse*, Librio, 2004.

Desjardins Arnaud & Loiseleur Véronique, *L'Audace de vivre*, Pocket, 2000.

Desproges Pierre, *Chroniques de la haine ordinaire*, Éditions du Seuil, 2004.

Festinger Léon, Riecken Henry W., Schachter Stanley, *L'Échec d'une prophétie*, Presses universitaires de France, 1993.

Gattuso Joan, *Un cours sur l'Amour*, AdA, 2000.

Gide André, *Les Nourritures terrestres*, « Folio », Gallimard, 1994.

Guyon Gilles, *Le dictionnaire de la vie où tout a un sens*, Éditions Quintessence, 2012.

Hellinger Bert & Hövel Gabriele ten, *Constellations familiales : comprendre les mécanismes des pathologies familiales*, Le Souffle d'or, 2001.

Hirschhausen Eckart von, *Le Bonheur : la chance n'arrive jamais par hasard*, Leduc.S Éditions, 2011.

Jönsson Bodil, *Dix considérations sur le temps*, Gallimard, 1999.

Kersaudy François, *Hitler*, Perrin, 2011.

Le Guernis Agnès, *L'Analyse transactionnelle : pour mieux se connaître et améliorer ses relations*, « Les miniguides Ecolibris », Ixelles éditions, 2011.

Levenson Claude B., *Ainsi parle le Dalaï-Lama : entretiens*, nouvelle édition, Balland, 2003.

Maslow Abraham harold, *Vers une psychologie de l'être*, Fayard, 1993.

Mc Millen Alison & Mc Millen Kim, *When I Loved Myself Enough*, Sidgwich & Jackson Ltd, 2001.

MIELCZARECK Vanessa, *Le Guide de la personne heureuse*, Le Courrier du livre, 2009.

MORE Thomas, *L'Utopie*, Gallimard, 2012.

POSCENTE Vincent, *La fourmi et l'éléphant : être un leader pour soi-même : une parabole et un plan d'action en cinq étapes pour libérer son plein potentiel*, 2e édition revue et corrigée, Le Dauphin Blanc, 2007.

SALOMÉ Jacques, *À qui ferais-je de la peine si j'étais moi-même ? : comment renoncer à nos autosaboteurs*, Le Grand livre du mois, 2008.

Le courage d'être soi : l'art de communiquer en conscience, Pocket, 2001.

SALOMÉ Jacques & GALLAND Sylvie, *Si je m'écoutais, je m'entendrais*, J'ai lu, 2012.

SEIDL Barbara, *La PNL : mieux se connaître et améliorer sa communication*, « Les miniguides Ecolibris », Ixelles éditions, 2010.

STEVENSON Robert Louis, *L'étrange cas du Dr Jekyll et de M. Hyde*, Pocket, 1999.

Sun-Tzu, *L'Art de la guerre*, « Poche Classique », De Borée, 2012.

TAYLOR Jill Bolte, *Voyage au-delà de mon cerveau*, J'ai lu, 2009.

ZELINSKI Ernie, *L'Art de ne pas travailler : petit traité d'oisiveté à l'usage des surmenés, des retraités et des sans-emploi*, nouvelle édition, Eyrolles, 2006.

Table des matières

Les 9 secrets de l'intuition

Comment prendre les bonnes décisions au quotidien

Vanessa Mielczareck

Trouver les bonnes idées, prendre les décisions qui font avancer, comprendre une situation complexe en un instant, se fier à sa première impression lors d'une rencontre… C'est possible si l'on adopte les bons réflexes !

Car pour attirer la réussite et rendre sa vie plus facile, les solutions ne doivent rien au hasard et sont plutôt à chercher du côté de notre dynamique personnelle.

C'est ce que propose Vanessa Mielczareck dans ce nouvel ouvrage : apprendre en 9 étapes ludiques à mobiliser son intelligence intuitive.

Avec de l'entraînement, vous saurez facilement repérer votre intuition, vous fier à ses messages et la suivre en toute confiance. Conçu comme un véritable enseignement avec des exercices simples et concrets, ce guide pratique vous aidera à contacter votre intuition à volonté pour faire de chaque situation du quotidien une expérience positive et mettre la chance dans votre poche !

128 pages - Format 14x21 - ISBN: 978-2-35805-051-7

Sophrologie pour gens pressés

Micro-pratiques quotidiennes

Alain Sembély

Dans un quotidien trépidant, il est important d'aménager un temps pour soi afin de préserver sa condition physique et psychique.

L'objectif de ce guide est de vous permettre de générer votre état de bien-être et de le garder grâce à de petits exercices qui ont fait leurs preuves.

La sophrologie, dont l'efficacité est reconnue dans la lutte contre les effets nocifs du stress, les dépendances, les phobies, les états dépressifs et les insomnies, utilise des relaxations au cours desquelles la pensée positive, l'autosuggestion et la visualisation transforment rapidement les habitudes inopportunes en attitudes favorables.

Elle s'appuie sur une méthode et des techniques pour développer la conscience de soi : l'objectif est de devenir soi-même l'artisan de son propre bien-être et de sa croissance.

Ces exercices que vous pourrez pratiquer à tout moment de la journée vous apprendront :

- à gérer les stress ;
- à contrôler les émotions ;
- à dompter la nervosité et les peurs paralysantes.

Ils seront très utiles dans votre vie personnelle et professionnelle pour :

- préparer un examen ou un entretien ;
- augmenter la mémoire, la concentration, la confiance en soi et la puissance créatrice.

96 pages - Format 14x21 - ISBN: 978-2-35805-046-3

Achevé d'imprimer en France par Présence Graphique
2, rue de la Pinsonnière - 37260 Monts
N° d'imprimeur : 011344036

Dépôt légal : février 2013